19.80

Massage, Meditation und Bewegung

mit ätherischen Ölen

Michael Kraus/Elisabeth Fath

Massage, Meditation und Bewegung

mit ätherischen Ölen

Verlag Simon & Wahl

Massage, Meditation und Bewegung mit ätherischen Ölen

1.–10. Tausend, Dezember 1993

Fotos: Jiri Rys, Prag
Modelle: Sabine, Elke, Bernhard
Ausstattung: Petra Schaubt, Ingolstadt
Lektorat: Elke Bayer, Arnsberg
Satz: Satzpunkt Ingolstadt Verlags GmbH, Ingolstadt
Druck: Fuldaer Verlagsanstalt GmbH, Fulda

Inhaltsverzeichnis

Vorwort

In der Bewegung erfährt sich der Mensch in seiner ureigenen Lebendigkeit. Er wird sich seiner Energie und Kraft bewußt. Wie ein gesunder Fluß, um sich zu erneuern, immer fließen muß, braucht der Mensch die Bewegung, um seine Vitalität zu behalten oder zu verbessern und sich zu verjüngen. Ein beweglicher Körper ist die Voraussetzung für einen flexiblen Geist und eine Lebenshaltung, die sich den jeweiligen Gegebenheiten und Veränderungen anpassen kann. Alles Starre im Leben wird irgendwann, früher oder später, zerbrechen. Das Weiche und Fließende wird fortbestehen! Hier wird aufgezeigt, wie die ätherischen Öle diesen Bewußtseinsprozeß unterstützen und die Beweglichkeit von Körper und Geist fördern können.
Bei der Massage geschieht das Wechselspiel von Geben und Nehmen, das im schönsten Falle zu einer tiefen Harmonie führt. Energien fließen dorthin, wo sie gebraucht werden. Massage ist kein Tun im eigentlichen Sinne, sondern ein Geschehenlassen auf beiden Seiten, ein tiefes Hineinspüren und -hören in den anderen. Dann finden unsere Hände mit Sicherheit die „richtigen" Stellen. Bei der Massage sind die ätherischen Öle eine unverzichtbare Hilfe. Sie dringen durch die Haut tief in unseren Körper ein. Massage und Essenzen unterstützen sich gegenseitig in ihren Wirkungen und führen zu tiefem körperlichen und seelischem Erleben. Spannungen, Verhärtungen und Blockaden können sich lösen und machen neuer Vitalität und Lebensfreude Platz.
In der Meditation erfährt der Mensch seine Verbundenheit mit der gesamten Existenz. Schmerzliche Gefühle von Getrenntsein und Einsamkeit, die wir aufgrund unserer isolierten Vorstellungen und Gedanken empfinden, schmelzen dahin und geben den Blick frei für das Einssein allen Lebens. Hierbei werden zum ersten Mal auch die Möglichkeiten von Duftmeditationen aufgezeigt. Meditation wird als bewußtes Sein verstanden, das nicht auf einer speziellen Technik beruht, sondern auf einer ganz bestimmten Ausrichtung und Haltung.

Bewegung

Bewegtes Leben

In unserer hochtechnisierten Welt entfernen wir uns immer mehr von den elementarsten Bedürfnissen unseres Körpers. Zu diesen Grundlagen zählt eine ausreichende körperliche Bewegung. Zwar versucht uns Dr. Garfield mit seiner Lasagnediät vom Gegenteil zu überzeugen, aber wir sollten doch nicht auf ihn hören, denn ein Mensch, der sich regelmäßig bewegt, ist durch und durch gesünder, kräftiger, belastbarer, psychisch stabiler und ausgeglichener. Unter regelmäßiger Bewegung ist allerdings nicht der allabendliche Weg vom Fernsehsessel zum Kühlschrank, fünfmal hin und zurück, gemeint!
Auf der körperlichen Ebene wird der Herzmuskel gekräftigt und kann dadurch mit weniger Herzschlägen eine größere Menge Blut durch die Adern pumpen. Die Zahl und Größe der Blutgefäße erhöht sich, wodurch der ganze Körper besser durchblutet wird. Außerdem wird die Sauerstoff- und Nährstoffversorgung verbessert, und die Abfallprodukte werden schneller abtransportiert. Die Lungenkapazität erhöht sich, die Atmung wird tiefer und Muskeln bilden sich schneller und kräftiger. Auf der seelischen Ebene verringert sich die Neigung zu Depressionen, Antriebslosigkeit und Gefühlen von Sinnlosigkeit. Sogar Menschen, die unter Eßsucht leiden, verspüren oftmals eine Linderung Ihrer Beschwerden!
Während intensiver körperlicher Bewegung erhöht sich die Menge der Endorphine im Blut. Diese haben eine rauschmittelartige Wirkung und sind ein wunderbares natürliches schmerzminderndes und euphorisierendes Spezifikum.
Gerade in Phasen seelischer Krisen hilft Bewegung, uns aus aussichtslosen Situationen zu befreien, unseren Körper wieder zu spüren und uns mit der Energie des Universums zu verbinden.
Körperliche Bewegung bringt Selbstvertrauen, Unabhängigkeit, Ausgeglichenheit und einen beweglichen Körper und Geist.
Wie das Wasser braucht der Mensch Bewegung, um sich immer wieder zu erfrischen und zu erneuern. Stehendes Wasser wird früher oder später zu einem Tümpel und dann zum Sumpf!

Die fundamentalste Tatsache des Lebens ist der ständige Wandel!

Liebe verwandelt sich in Haß, die Nacht löst den Tag ab, Hoffnung wird zur Enttäuschung, hin und zurück, wie der Ausschlag eines riesigen Pendels. Und was ist dieser Wandel anderes als Bewegung, von einem Pol zum anderen. Das größte Leid des Menschen entsteht durch seine Weigerung, diese Bewegung zuzulassen. Wir alle wollen das Pendel immer wieder festhalten, besonders die frohen und glücklichen Stunden! Diese aussichtslosen Versuche führen unweigerlich zu innerlichen Verhärtungen. Das eine soll ewig bestehen, das andere soll sich überhaupt nicht ereignen: Schon haben wir ein System von Gut und Böse erschaffen. Wir verlieren unsere geistige Beweglichkeit und damit zwangsläufig auch unsere körperliche. Wie können Kinder so unbeschwert toben, ohne darauf zu achten, was die Uhr sagt oder ob die Sonntagshose dieses Abenteuer unbeschadet übersteht! Wir Erwachsene, mit all´ unseren Ängsten, Normen und Komplexen, können darüber nur staunen.
Aus diesen wenigen Zeilen geht schon deutlich hervor, wie grundlegend die körperliche und geistige Beweglichkeit für uns Menschen ist!

Anwendungsmöglichkeiten ätherischer Öle

Ein Anstoß, unsere körperliche Beweglichkeit wieder zurückzugewinnen oder zu verbessern, sind die später folgenden Übungen. Sie können diesen Prozeß unterstützen, indem Sie Mischungen aus fetten und ätherischen Ölen als Massageöl verwenden. Sie bereiten damit Ihre Muskeln auf die bevorstehenden Leistungen vor. Förderlich wirken alle erfrischenden und durchblutungsfördernden Essenzen. Hier gleich drei Rezepte:

Aufwärmöl

50 ml Mandelöl
50 ml Jojobaöl
5 Tropfen Wintergreen
5 Tropfen Krauseminze
10 Tropfen Zitrone
20 Tropfen Rosmarin

Muntermacheröl

50 ml Mandelöl
50 ml Jojobaöl
10 Tropfen Lemongras
15 Tropfen Limette
15 Tropfen Zitrone

Muskeltonusöl

50 ml Mandelöl
50 ml Jojobaöl
10 Tropfen Zitrone grün
15 Tropfen Orange bitter
15 Tropfen Pampelmuse

Es ist ratsam, den Körper vor einer längeren sportlichen Betätigung mit einer dieser Mischungen einzuölen. Natürlich können Sie auch Ihre eigenen Mischungen ausprobieren.
Aber auch im Raum, in dem Sie Ihre Körperübungen machen, können Sie mit Hilfe einer Aromalampe eine erfrischende und motivierende Atmosphäre schaffen. Geben Sie in die mit Wasser gefüllte Schale einer Aromalampe 10 Tropfen ätherisches Öl und zünden Sie das Teelicht im Bauch der Lampe an. Nach kurzer Zeit breitet sich der Duft im ganzen Raum aus. Tun Sie dies ca. fünf Minuten bevor Sie mit den Übungen beginnen. Hier drei Rezepte:

Frisch (fromm), fröhlich, frei

2 Tropfen Orange
3 Tropfen Limette
5 Tropfen Bergamotte

Jump high

3 Tropfen Lorbeer
3 Tropfen Macisblüte
4 Tropfen Rosmarin

Frische Brise

2 Tropfen Wacholder
4 Tropfen Zirbelkiefer
4 Tropfen Zitrone grün

Lassen Sie auch hier Ihrer Phantasie freien Lauf und überlegen Sie sich ruhig eigene Mischungen!

Es ist nicht verwunderlich, daß so viele Zitrusöle in den Rezepten vorkommen, denn diese Essenzen sind die schnellsten und beweglichsten von allen. Sie treten in Parfüms als Kopfnoten auf, das heißt, sie sind zuallererst wahrnehmbar und verflüchtigen sich dann auch am raschesten. Diese Essenzen fördern die geistige Beweglichkeit, beleben, „schneiden alte Zöpfe ab", stimmen zuversichtlich und helfen, starre Verhaltensmuster aufzulösen. Zu den Zitrusölen zählen:
Bergamotte, Limette, Zitrone, Mandarine, Tangerine, Clementine, Pampelmuse und alle Orangenarten.
Eine zweite Gruppe bilden die „klaren" Öle. Sie bringen mit ihrem frischen Wind Bewegung in die erschlafften geistigen Segel und reinigen die Augen von den Schlieren der Vorurteile und eingefahrenen Verhaltensmuster. Zu diesen Essenzen gehören:
Rosmarin, Pfefferminze, Krauseminze, Kampfer, Terpentin, Ravensara und einige Nadelbaumöle.
Zur dritten Gruppe gehören die „feurigen" Öle, die uns aus der Erstarrung reißen und, auf sehr kräftige Art, wieder in Bewegung bringen. Sie sind die Revolutionäre unter den Ölen, die uns helfen, festgefahrene, überlebte Strukturen zu verlassen. Zu diesen Ölen gehören:
Bohnenkraut, Thymian, Quendel, Zimt, Ingwer, Kalmus, Pfeffer, Piment etc.
Sie können die genannten Öle einzeln oder zu mehreren in Mischungen verwenden. Es gibt folgende Hauptanwendungsmöglichkeiten:

1) Körper- und Massageöl

Geben Sie zu 100 ml eines fetten Öles (Mandel-, Jojoba-, Avocado-, Aprikosenkern-, Pfirsichkernöl) 2 ml ätherisches Öl, das sind ca.40 Tropfen.

2) Badeöl

Geben Sie zu 100 ml Sojaöl 2 ml ätherisches Öl. Sojaöl enthält viel Lecithin, das eine leicht emulgierende Wirkung hat. Davon nehmen Sie 2–3 Eßlöffel für ein Vollbad.
Eine andere Möglichkeit ist eine Mischung von 10 Tropfen ätherischem Öl mit drei Eßlöffeln flüssigem Honig oder 250 ml süßer Sahne. Geben Sie die vorbereitete Mischung dem Badewasser zu.

3) Verdunstung in der Aromalampe

Aromalampen gibt es mittlerweile aus allen erdenklichen Materialien, elektrisch oder mit Teelicht, als Kaltverdunster durch Vibration oder als Ventilator. Gemeinsam ist allen, daß sie Ihren Lebensraum durch den ausströmenden Duft verwandeln.
Über die Atmung und die Lunge gelangen die Duftmoleküle direkt ins Blut. Durch die Nase erreichen sie den Teil unseres Gehirns, in dem Gefühle, Intuitionen und Erinnerungen beheimatet sind. So durchdringen die ätherischen Öle den gesamten Körper mit ihren wohltuenden Wirkungen. Zur Beduftung eines ca. 20 qm großen Raumes genügen 10 Tropfen ätherisches Öl auf eine mit Wasser gefüllte Schale einer Aromalampe.
Beachten Sie bitte bei den ätherischen Ölen generell die Tatsache, daß eine geringe Dosierung bessere Wirkungen hervorruft als eine Überdosierung. Ein Zuviel ist hier eher schädlich!
Nach diesen vielen Erklärungen haben Sie vielleicht schon gedacht, Sie kämen darum herum, sich selbst bewegen zu müssen. Aber da haben Sie sich gründlich geirrt! Jetzt geht es nämlich erst richtig los!

Aufwärmen

Beginnen Sie zum Aufwärmen mit einem Bewegungsablauf aus dem Yoga, bei dem Sie Ihre Wirbelsäule sanft in alle Richtungen dehnen können.
Stellen Sie sich aufrecht hin, die Füße parallel, etwa hüftbreit auseinander. Fassen Sie die Hände hinter dem Rücken und beugen Sie, vom Scheitel ausgehend, den Oberkörper in Richtung Boden. Lassen Sie dabei die gestreckten Arme möglichst weit über den Kopf nach vorne fallen. Ziehen Sie sich am tiefsten Punkt, von den Händen ausgehend, wieder nach oben und beugen Sie den Oberkörper leicht zurück, indem Sie Brustkorb und Gesicht zur Decke richten. Lassen Sie den Hals langgestreckt, ohne ihn abzuknicken. Spannen Sie den Po fest an und strecken Sie die Arme nach hinten. Kommen Sie zur Mitte zurück und beugen Sie sich zur linken Seite, mit dem Blick nach vorne. Dabei drücken Sie die Arme in die entgegengesetzte Richtung. Gehen Sie wieder zur Mitte zurück und führen Sie die gleiche Bewegung zur anderen Seite aus.

Atmung:
Beim Abrollen des Oberkörpers – ausatmen
Beim Hochkommen und Zurückbeugen – einatmen
Beim Zurmittekommen – einatmen und ausatmen
Beim Zurseitebeugen – ausatmen
Beim Zurmittekommen – einatmen

Diese sanfte Dehnung lockert und entspannt die oft sehr verhärtete Rückenmuskulatur. Versuchen Sie in Ihren Körper hineinzuhören, es geht nicht darum, gleich eine möglichst starke Dehnung zu erreichen. Damit schaden Sie sich nur.

Übungsvorschläge von Kopf bis Fuss

Übung 1

Halten Sie bei dieser Übung festen Bodenkontakt, spüren Sie, von den Zehen bis zur Ferse, Ihren Untergrund. Lassen Sie die Energie von den Füßen aus durch den ganzen Körper strömen.

Stellen Sie sich mit hüftbreit auseinandergestellten Füßen, gebeugten Knien und seitlich ausgestreckten Armen hin.

Ziehen sie die gestreckten Arme, Becken, Schultern und Kopf nach vorn und drücken Sie Bauch und Lendenwirbelsäule fest nach hinten.

Beugen Sie nun die Ellenbogen weit über die Seite zurück, ziehen Sie die Schulterblätter zusammen und drücken Sie Po, Schultern und Kopf nach hinten.

Bei dieser Übung machen Sie im Wechsel einen runden und einen ganz durchgedrückten Rücken. Bei rundem Rücken und gestrecktem Hals ist der Blick zum Boden gerichtet, bei durchgedrücktem Rücken zur Decke. Die Knie bleiben immer gebeugt. Achten Sie darauf, daß Sie die Schultern nicht hochziehen und die Ellenbogen nicht heruntersinken lassen.

Versuchen Sie diese Übung ganz flüssig zu machen und geben Sie besonders viel Kraft in die Bewegung des Beckens, vor allem in der Vorwärtsbewegung.
Dieser Bewegungsablauf macht Becken und Rücken beweglich und kräftigt die Pomuskulatur.
Wiederholen Sie die Übung 8 mal. Danach lockern Sie die Beine.
Atmung:
Bei rundem Rücken – ausatmen
Bei durchgedrücktem Rücken – einatmen
Spüren Sie ganz bewußt, wie Sie Ihren Brustkorb schließen und weit öffnen. Mit der Kraft des Einatmens und Öffnens wirken Sie Depressionen entgegen.

Übung 2

Beim „Kopfpendel" entspannen Sie die Halsmuskulatur und lassen Ihren Kopf und alle Gedanken los – „nichts festhalten!".
Pendeln Sie im Rhythmus Ihres Atems, den Sie langsam und hörbar ausstoßen.
Stellen Sie sich mit hüftbreit entfernten Füßen hin.
Drehen Sie den Kopf mit dem rechten Ohr zur rechten Schulter und pendeln Sie in einem Halbkreis über die Brust zur linken Schulter.
Pendeln Sie daraufhin wieder zur rechten Schulter zurück.
Wiederholen Sie dieses Doppelpendeln 8 mal.
Atmung:
Beim Pendel – ausatmen
In der Seitstellung – einatmen

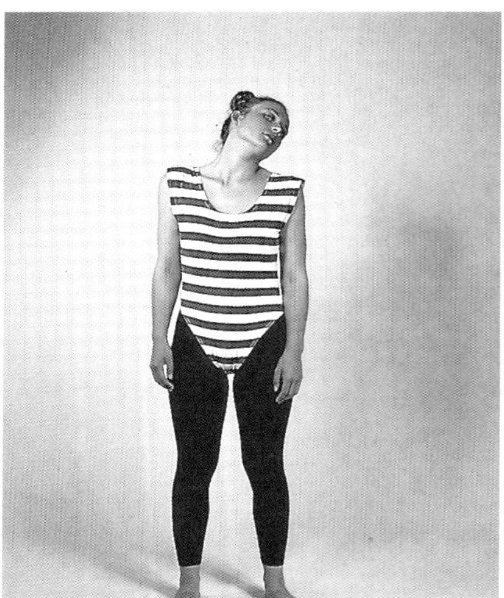

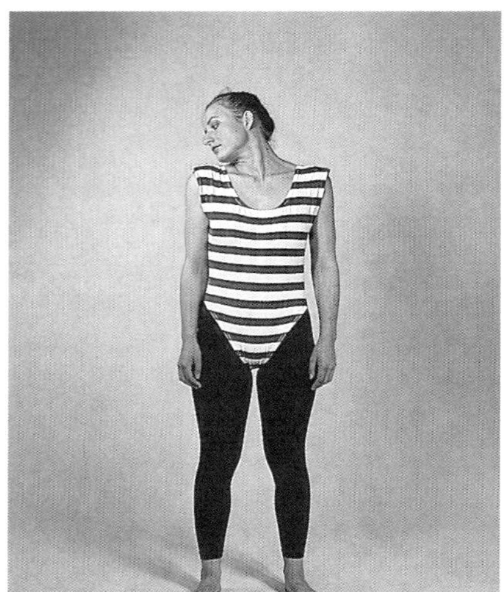

ÜBUNG 3

Diese Übung stärkt die Halsmuskulatur und schenkt Ihnen einen freieren und klareren Kopf.
Stellen Sie sich wieder mit hüftbreit entfernten Füßen hin. Halten Sie während der ganzen Übung den Kopf gerade und den Blick nach vorne gerichtet.
Stellen Sie sich vor, Ihr Kinn würde an einem Gummiband in alle Himmelsrichtungen gezogen: Schieben Sie es so weit wie möglich nach vorne, dann ziehen Sie es kräftig zurück. Anschließend kommen Sie in die Ausgangsposition zurück und schieben das Kinn nach rechts und nach links.
Wiederholen Sie diesen Bewegungsablauf 4 mal.
Atmung: normal

Übung 4

Legen Sie sich auf den Rücken, ziehen Sie beide Knie zum Bauch und umfassen Sie sie mit den Armen.
Spüren Sie, wie Ihre Lendenwirbelsäule den Boden berührt und der gesamte Rücken aufliegt.
Atmen Sie in gleichmäßigem Rhythmus kräftig in den Bauch ein und drücken Sie beim Ausatmen die Lendenwirbelsäule verstärkt gegen den Boden.
Diese, und auch die nächsten beiden Übungen, gleichen die meist zu extrem ausgeprägte S-Form der Wirbelsäule aus.

Übung 5

Bleiben Sie in der vorher beschriebenen Stellung – Rückenlage mit zum Bauch gezogenen Knien – und rollen Sie auf dem Rücken vor und zurück.

Beim Nachvornerollen können Sie bis in Hockstellung gelangen.

Versuchen Sie während des Rollens den Rücken möglichst rund zu machen, damit die Bewegung sanft und druckfrei verläuft.

Jetzt rollen Sie, in der gleichen Lage, von einer Seite zur anderen.

Wiederholen Sie diese Übung je 12 mal.

Atmung: normal

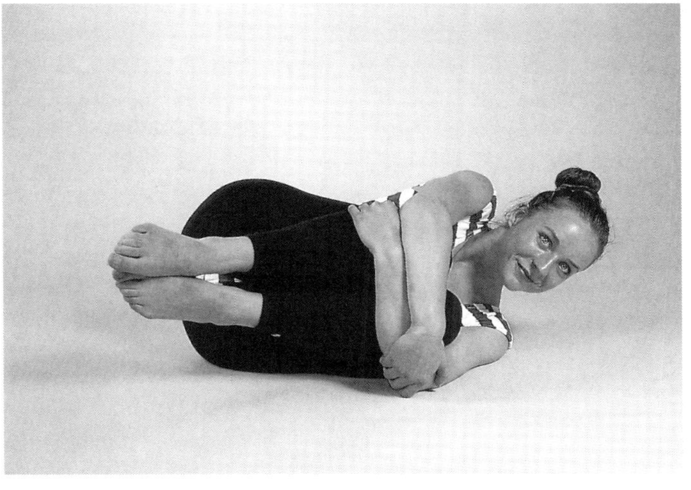

Übung 6

Diese Übung dient der Kräftigung der Bauchmuskulatur. Spüren Sie dabei die Kraft in Ihrer Körpermitte!
Legen Sie sich auf den Rücken, mit parallel und hüftbreit voneinander aufgestellten Füßen. Die Hände liegen auf den Oberschenkeln. Heben Sie langsam Kopf, Schultergürtel und Brustkorb bis zum Lendenbereich, dabei rutschen die Hände bis zu den Knien hoch. Rollen Sie wieder, etwa bis zur Brustwirbelsäule, zurück, ohne den Rücken ganz abzulegen.
Nach dem achten Mal legen Sie den Rücken ganz auf den Boden und die Hände, zum Entspannen, auf den Bauch.
Wiederholen Sie diesen Ablauf 4 mal.
Atmung:
Beim Aufrollen – ausatmen
Beim Abrollen – einatmen

Übung 7

Legen Sie sich auf den Bauch, grätschen Sie die Beine leicht und nehmen Sie die Arme zur Seite.
Heben Sie gleichzeitig Oberkörper, Arme und Beine und senken Sie diese langsam wieder ab.
Führen Sie diese Übung im Rhythmus Ihres Atems aus.Bei der etwas kürzeren Einatmungsphase heben Sie kraftvoll Arme und Beine. Während der längeren Ausatmungsphase halten Sie die Spannung im Körper und versuchen ihn ganz langsam abzulegen. Erst nach dem achten Mal entspannen Sie sich vollständig, legen Ihr Gesicht auf die Hände und bereiten sich auf die nächste Runde vor.
Wiederholen Sie diese Übung 4 mal.
Atmung:
Beim Anheben – einatmen
Beim Absenken – ausatmen

Übung 8

Gehen Sie in den Vierfüßlerstand, nehmen Sie das rechte Knie zur Stirn und ziehen Sie sich fest zusammen.
Danach strecken Sie das Bein nach hinten oben aus, ohne die Hüfte auszudrehen. Heben Sie gleichzeitig den Kopf nach oben, mit dem Blick nach vorne. Spannen Sie dabei Bauch- und Pomuskulatur an, um ein Hohlkreuz zu vermeiden.
Halten Sie diese Position einige Zeit, bevor Sie abschließend wieder Stirn und Knie zusammenziehen. Wechseln Sie dann das Bein.
Wiederholen Sie die Übung auf jeder Seite 4 mal.
Atmung:
Beim Zusammenziehen – langsam ausatmen
Beim Strecken – normal weiteratmen

Übung 9

Setzen Sie sich mit dem Po auf die Fersen, legen Sie die Stirn auf den Boden und die Arme neben den Körper.
Dies ist eine ideale Übung, um sich nach körperlicher Anstrengung zu entspannen.
Atmung: normal

Partnerübungen

Alleine ist es manchmal etwas schwierig, so richtig in Fahrt zu kommen. Mit einem Partner geht es leichter und macht noch mehr Spaß!
Der Partner ist immer ein Spiegel für uns selbst. In den gemeinsamen Übungen ist das Erlebnis der Ganzheit viel stärker möglich: Ein Partner zieht, der andere wird gezogen, einer biegt sich nach rechts, der andere nach links, geben und nehmen, hoch und nieder, alles Sinnbilder des Lebens! Es geht immer um das Gleichgewicht, das harmonische Miteinander zweier Menschen in der dynamischen Bezogenheit ihrer Bewegungen – und noch weit darüber hinaus...

Übung 1

P 1 setzt sich auf den Boden, zieht die Füße zu sich heran und führt die Fußsohlen zusammen. Sie umfaßt die Füße mit den Händen und federt mit dem Kopf zu den Füßen. P 2 kniet hinter ihr und unterstützt diese Bewegung mit leichtem Druck auf die Lendenwirbelsäule.

Variante 1:
P 1 bleibt in der gleichen Ausgangsposition. Sie federt, mit geradem Rücken, den Oberkörper nach vorne, während P 2 wieder diese Bewegung mit sanftem Druck verstärkt.
Variante 2:
P 1 bleibt weiterhin in der Ausgangsstellung. Sie wippt mit den Knien in Richtung Boden, während P 2 mit beiden Händen ihre Knie nach unten drückt.
Federn Sie bei jedem Übungsteil 16 mal und wechseln Sie dann die Rollen.
Atmung: normal
Bei dieser Übung kommt es darauf an, daß der helfende Partner mit seinen Händen unterstützenden Druck ausübt, aber dennoch ganz einfühlsam vorgeht und die Grenzen des anderen spürt.

ÜBUNG 2

Beide Partner setzen sich, mit etwas Abstand, im Schneidersitz gegenüber und fassen sich an den Händen.
P 1 lehnt sich zurück und zieht P 2, ohne daß sich dieser mit dem Po vom Boden entfernt, nach vorne, dann umgekehrt.
Variante 1:
Beide Partner setzen sich mit gestreckten Beinen, Fußsohlen aneinander, gegenüber. Sie fassen sich wieder an den Händen und dehnen sich gegenseitig, wie bei der vorigen Übung.

Variante 2:
Beide Partner setzen sich mit gegrätschten Beinen so gegenüber, daß sie sich mit den Füßen berühren. Mit gefaßten Händen dehnen sie sich wieder, wie zuvor beschrieben.
In der gleichen Ausgangsposition lehnt sich P 1 wieder zurück und zieht P 2 nach vorn. Indem sich beide zur gleichen Seite neigen, beginnen sie mit den Oberkörpern eine möglichst große Kreisbewegung. Danach geht die Kreisbewegung in die andere Richtung.
Wiederholen Sie jeden Übungsteil 8 mal.
Atmung: normal
Gegenseitiges Aufeinandereinstellen und das richtige Maß sind bei dieser Dehnung ganz wichtig. Diese und auch die nächste Übung erhöhen die Elastizität der Wirbelsäule.

ÜBUNG 3

Beide Partner setzen sich, Rücken an Rücken, auf den Boden und haken die Arme ineinander.

P 1 überkreuzt die Beine zum Schneidersitz, während P 2 die Füße aufstellt, den Po anhebt und sich mit dem Rücken nach hinten schiebt. Der gebeugte Rücken von P 1 sollte nun, durch das Gewicht von P 2, sanft nach unten gedrückt werden. Halten Sie diese Stellung so lange, wie es beiden Partnern noch angenehm ist. Danach schiebt sich P 2 wieder in die Ausgangsstellung zurück und die Partner wechseln die Rollen.

Varianten:
Führen Sie diese Übung auf die gleiche Art aus, nur daß P 1 die Beine zum einen Mal ausstreckt und zum anderen grätscht. Wiederholen Sie den Gesamtablauf jeweils 2 mal.
Atmung: normal
Hier geht es um Tragen und Getragenwerden, wobei man darauf achten muß, wieviel Gewicht man dem anderen zumuten kann. Dies bedarf der Mitteilung und der Beachtung der Grenzen.

Übung 4

P 1 setzt sich mit gegrätschten Beinen auf den Boden. P 2 setzt sich ihr gegenüber und legt die gestreckten Beine zwischen die Beine der Partnerin.
Beide Partner heben die Beine und kreisen sie umeinander. Diese Übung kann zu Beginn mit aufgestützten Händen, später auch mit seitlich ausgestreckten Armen, ausgeführt werden.
Kreisen Sie 8 mal in die eine und 8 mal in die andere Richtung.
Atmung: normal
Hier wird die Kraft der Bauchmuskulatur gestärkt. Sobald ein Partner die Beine senkt, ist das Umeinanderkreisen beendet. Durch gleichmäßiges bewußtes Atmen kann jeder seine Ausdauer steigern.

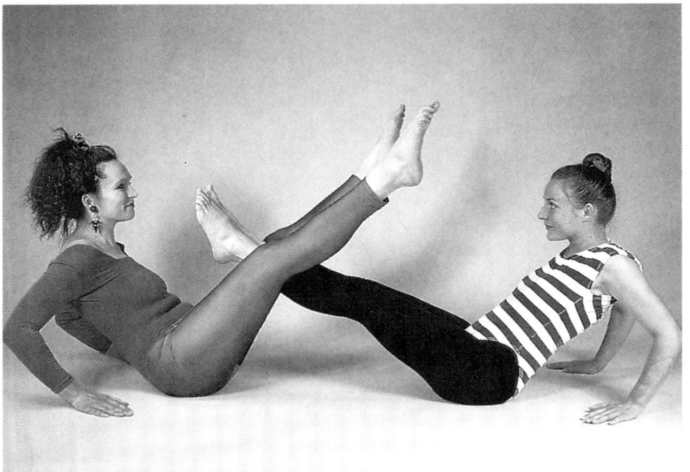

Übung 5

P 1 liegt mit angewinkelten Beinen, aufgestellten Füßen und im Nacken verschränkten Händen auf dem Boden. P 2 kniet vor ihr und hält sie an den Fußgelenken fest.
P 1 rollt, mit dem Kopf beginnend, den Oberkörper nach oben, die Ellenbogen bleiben nach außen gedrückt. Nach dem Durchstrecken des Rückens beginnt sie, von der Lendenwirbelsäule ausgehend, sich wieder abzulegen.
Wiederholen Sie diese Übung 8 mal und wechseln Sie dann die Rollen.
Atmung:
Beim Auf- und Abrollen – ausatmen
Beim Sitzen und Liegen – einatmen
Mit Hilfe des Partners und der richtigen Atmung kann diese, für manchen recht schwierige, Bauchmuskelübung spielerisch bewältigt werden.

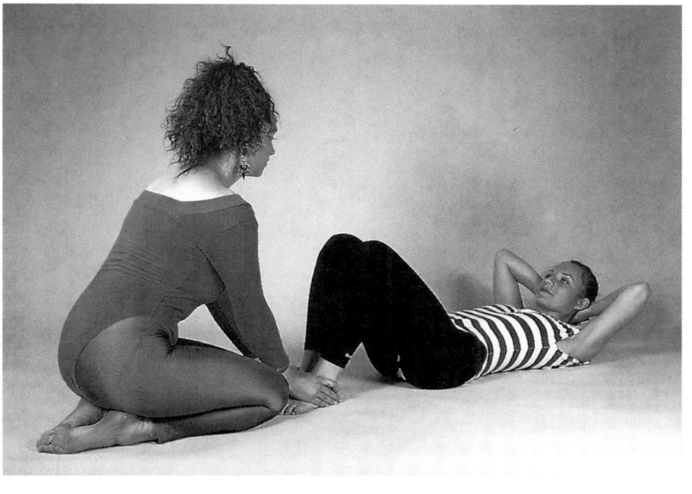

Übung 6

Beide Partner legen sich, Scheitel an Scheitel, auf den Rücken. Sie strecken die Arme zur Seite und fassen sich an den Händen. Anschließend strecken sie die geschlossenen Beine nach oben aus.

P 1 legt die geschlossenen Beine zur rechten Seite ab, dreht den Kopf zur linken Seite und versucht die Schultern am Boden zu behalten. P 2 führt zur gleichen Zeit diese Bewegung zur anderen Seite aus. Beide nehmen die geschlossenen Beine wieder nach oben und legen sie zur anderen Seite ab.

Wiederholen Sie diese Übung 6 mal zu jeder Seite hin.
Atmung:
Beim Beinesenken und -anheben – ausatmen
Bei abgelegten und nach oben gestreckten Beinen – einatmen
Die Partner müssen hier Ihren Atemrhythmus angleichen und die Bewegungen aufeinander abstimmen, um einen harmonischen Ablauf zu erzielen.

ÜBUNG 7

Beide Partner stehen, mit hüftbreit gespreizten Beinen, Rücken an Rücken und haken die Arme unter. Die Füße der Partner sollten dabei möglichst weit voneinander entfernt sein.
Während die Rücken in Kontakt bleiben, gehen beide gleichzeitig in die Hocke und drücken sich wieder nach oben.
Wiederholen Sie diesen Ablauf 8 mal.
Atmung: normal
Diese Übung erfordert ein Ausprobieren und Ausbalancieren der unterschiedlichen Körpergrößen und Kraftverhältnisse.

Entspannungsübung

P 1 steht mit leicht gegrätschten Beinen, beugt den Oberkörper nach vorne und läßt Kopf und Arme locker nach unten hängen. P 2 klopft deren ganzen Körper mit den Handflächen ab. Dann werden die Positionen gewechselt.

Die Massage aus dem Land des Regenbogens

Massage ist die Kunst der Berührung. Berühren und Berührtwerden sind absolute Grundbedürfnisse des Menschen! Gleichzeitig sind sie der Schlüssel zu einem glücklichen oder unglücklichen Leben.
Wir alle haben große Sehnsucht, innerlich und äußerlich berührt zu werden, denn nur ein berührbarer Mensch ist lebendig. Dieser Sehnsucht steht die Angst gegenüber, berührt zu werden, wirklich zu zeigen, was im Inneren vorgeht, Gefühle zu erleben und auszudrücken.
Berührtwerden ist Nahrung für Herz und Seele, es schenkt Vertrauen, Geborgenheit und tiefes Zufriedensein. Berühren ist Hingabe, Geschehenlassen und Spüren. Wenn kein Hindernis mehr zwischen diesen beiden Polen besteht, existiert nur noch das Fließen der Energie, das uns das tiefste Glücksgefühl schenkt.
Die nachfolgende Anleitung zum Massieren besteht aus drei Abschnitten:
1) Grundsätze und Grundregeln, deren Einhaltung die Voraussetzung für eine gelungene Massage ist.
2) Erklärung der einzelnen Techniken.
3) Massagevorschläge.

Grundsätze für die Massage

Liebe

Um eine wirklich tiefgehende Massage zu erleben, ist es am wichtigsten, den anderen als Wunder zu spüren, das es zu entdecken gilt, das heißt, ihn liebevoll in die Hände zu nehmen. Die Berührung der Haut ist weit mehr als nur ein körperlicher Kontakt: Es sind Seele, Geist und Gemüt, die Sie in den Händen halten!

Die eigene Mitte

Unser Atem ist der rote Faden durch das Leben. Gerade bei der Massage ist es Grundbedingung, immer wieder auf den eigenen Atem zu achten und von dort ausgehend jeden Rhythmus zu bestimmen.
Mit dem Einatmen nehmen wir die kosmischen Energien in uns auf,

und mit dem Ausatmen geben wir unserer inneren Realität Ausdruck. Atmen ist geben und nehmen, ewige Wandlung, Geburt und Tod.
Nur wer sich beim Ausatmen richtig leer macht, kann auch wieder tief einatmen und das Leben in sich einfließen lassen!
Das Gewordene muß immer wieder hergegeben werden, um das Mögliche empfangen zu können! Der Atem verbindet uns mit dem gesamten Kosmos.

DIE GRUNDREGELN

DER MASSIERENDE

Für den Massierenden ist ein guter Bodenkontakt sehr wichtig, das heißt, er sollte das deutliche Gefühl haben, mit beiden Beinen auf der Erde zu stehen und „geerdet" zu sein. Die Konzentration liegt auf dem eigenen Mittelpunkt (Hara); von hier aus bewegt sich alle Energie.
Der Massierende soll nichts erzwingen und erreichen wollen, auch nicht aus Aufopferung massieren. Die innere Haltung ist gelassen und offen.
Bei der Körperhaltung ist darauf zu achten, daß der Rücken entspannt und gerade gehalten wird. Überprüfen Sie während der Massage öfter einmal, ob Sie sich verkrampft haben.
Wenn dies der Fall sein sollte, konzentrieren Sie sich wieder auf den Atem, der Sie zu Ihrem Mittelpunkt zurückführt, und lassen Sie alle Gedanken und Verspannungen los.
Für die Massage sind warme Hände absolut wichtig, denn bei einer Berührung mit kalten Händen verschließt sich der Massierte fast zwangsläufig. Reiben Sie also vor der Massage die Handflächen beider Hände gegeneinander, bis ein deutliches Wärmegefühl entsteht.

Der Massierte

Für denjenigen, der massiert wird, ist es ganz wichtig, entspannt und angenehm zu liegen. In der Rückenlage sollten Sie eine Rolle unter den Kniekehlen, in der Bauchlage unter den Füßen benutzen. Die Arme liegen immer lang ausgestreckt neben dem Körper.
In der Seitenlage sollte das untere Bein ausgestreckt und das obere , auf einer Rolle, angewinkelt liegen.
Für eine nachhaltige Entspannung ist es unbedingt notwendig, jedes Kältegefühl zu vermeiden. Sie können eine Wärmflasche unter die Füße oder Unterschenkel legen. Damit der gesamte Körper während der Massage wohlig warm bleibt, sollte stets nur der Körperteil, der gerade massiert wird, aufgedeckt sein. Der restliche Körper bleibt mit weichen Laken oder Decken eingepackt.

Der Raum

Das Zimmer, in dem die Massage stattfindet, sollte auf jeden Fall vorher gut gelüftet werden. Die Raumtemperatur muß so hoch sein, daß der Massierte nicht friert. Das kann unter Umständen sehr unterschiedlich sein, liegt aber meistens zwischen 21 und 25° C. Wichtig ist es, immer noch zusätzlich ein oder zwei Decken griffbereit zu halten.
Die Beleuchtung des Raumes sollte nicht zu hell sein, am schönsten ist die Stimmung von Kerzenlicht oder durch einen Vorhang gedämpftes Sonnenlicht.
Wenn beide den Wunsch haben, kann im Hintergrund ruhige harmonische Musik zu hören sein, die jedoch immer dezent und leise bleiben sollte.

Der Duft im Raum

Eine ganz wichtige Unterstützung für die gesamte Raumatmosphäre ist der Duft. Mit Hilfe einer Aromalampe läßt sich das Zimmer in einen Rosengarten, eine Sommerwiese oder einen Sandelholzwald verwandeln. Geben Sie in die mit Wasser gefüllte Schale der Lampe

5–10 Tropfen ätherisches Öl. Die brennende Kerze im Bauch der Lampe erwärmt die Flüssigkeit, und der Duft verteilt sich im gesamten Raum. Überzeugen Sie sich aber vorher, daß der Geruch von Massierendem und Massierten gleichermaßen als angenehm empfunden wird!

Hier einige Mischungen, die für die Atmosphäre beim Massieren sehr gut geeignet sind:

Rosengarten
2 Tropfen türkische Rose
3 Tropfen Palmarosa
5 Tropfen Rosenholz

Relax
5 Tropfen Lavendel
3 Tropfen Rosenholz
2 Tropfen Ylang Ylang

Tempelduft
5 Tropfen Sandelholz Ostindien
3 Tropfen Atlaszeder
2 Tropfen Weihrauch

Fly high
5 Tropfen Bergamotte
3 Tropfen Rosenholz
2 Tropfen Mandarine

Surrender
3 Tropfen Rosenholz
3 Tropfen Geranium
2 Tropfen Patchouli
2 Tropfen bulgarische Rose

Inseltraum
5 Tropfen Cananga
3 Tropfen Mandarine
2 Tropfen Honig absolue

Blütenzauber

5 Tropfen Lavandin
3 Tropfen Hoblätter
2 Tropfen Jasmin

Rosa Wolke

3 Tropfen Ylang Ylang
3 Tropfen Sandelholz Ostindien
2 Tropfen Tuberose
2 Tropfen Neroli

Let go

4 Tropfen Bergamotte
3 Tropfen Vanille
3 Tropfen Jasmin

Massageöl

Massageöl besteht größtenteils aus fettem Öl und zu 2–3 % aus ätherischem Öl.
Bei den fetten Ölen sollten Sie auf kaltgepreßte Qualität achten, am besten aus kontrolliert biologischem Anbau.
Als fette Öle für vorwiegend trockene Haut bieten sich Avocado-, Haselnuß-, Jojoba-, Sesam-, Soja-, Walnuß- und Weizenkeimöl an; bei vorwiegend fettiger Haut können Sie Aprikosenkern-, Erdnuß-, Jojoba- und Pfirsichkernöl verwenden.
Besonders empfehlenswert ist Jojobaöl, das sich für jeden Hauttyp eignet. Es ist seiner Natur nach kein fettes Öl, sondern zählt zu den Wachsen. Die Haut fühlt sich bei der Massage seidig glatt an.
Bei der Zugabe ätherischer Öle sollten Sie darauf achten, daß der Massierte den Duft mag. Massieren Sie nicht mit einer Mischung, die beim anderen Widerwillen hervorruft, auch wenn Sie von Ihrem Rezept felsenfest überzeugt sind.
Am besten lassen Sie den Menschen, den Sie massieren möchten, seine Massagemischung selbst aussuchen!
Die ätherischen Öle dringen nämlich über den Geruchssinn und die Haut tief in den Körper ein. Die Essenzen gelangen über die Nerven-

zellen im oberen Bereich der Nase direkt in den limbischen Teil des Gehirns. Dort ist die Heimat unserer Gefühle und Erinnerungen. Bei der entspannenden Wirkung der Massage mit den ätherischen Ölen lösen sich leicht Blockaden, und freudige oder traurige Erinnerungen kommen ans Tageslicht, verbunden mit allen dazugehörigen Gefühlen. Sperren Sie sich nicht dagegen. Lassen Sie alles geschehen und geben Sie sich ganz den lösenden und erleichternden Gefühlen hin.

Bei der Wahl der ätherischen Öle für Ihre Massageölmischung können Sie z. B. von den Hauttypen ausgehen:
Wunde Haut: Geranium-, Kamillen-, Myrrhen-, Neroli-, Sandelholz- und Weihrauchöl.
Fettige Haut: Atlasceder-, Bergamotte-, Fenchel-, Lavendel- und Melissenöl (officinalis).
Trockene Haut: Geranium-, Honig-, Jasmin-, Rosen- und Rosenholzöl.
Alternde Haut: Lavendel-, Limetten-, Neroli-, Patchouli-, Petitgrain-, Rosen-, Sandelholz-, Vetiver- und Weihrauchöl.
Eine andere Möglichkeit ist die Auswahl bezüglich der Wirkungsweise:
Belebend, erfrischend: Bergamotte, Blutorange, Lemongrass, Litsea Cubeba, Mandarine, Orange, Pampelmuse und Zitrone.
Anregend, durchwärmend: Angelika, Bohnenkraut, Cardamom, Coriander, Fenchel, Macis, Nelke, Oregano, Rosmarin, Thymian, Ysop und Zimt.
Beruhigend, entspannend: Baldrian, Cananga, Cedernholz, Geranium, Honig, Hopfen, Hyazinthe, Jasmin, Jatamansi, Kamille, Lavendel, Melisse, Muskatellersalbei, Neroli, Rose, Rosenholz, Sandelholz, Tuberose, Vanille und Ylang Ylang.
Achten Sie beim Kauf der ätherischen Öle darauf, daß sie 100 % naturrein sind. Am wirksamsten und intensivsten sind Öle aus kontrolliert biologischem Anbau.
Hier einige Rezepte:
Nehmen Sie auf 100 ml fettes Öl etwa 50 Tropfen ätherische Öle.

Paradies

20 Tropfen Rosenholz
20 Tropfen Bergamotte
5 Tropfen Sandelholz
3 Tropfen Jasmin
2 Tropfen Rose

Südseetraum

20 Tropfen Ylang Ylang
20 Tropfen Mandarine
5 Tropfen Vanille
5 Tropfen Honig

Seelenbalsam

20 Tropfen Sandelholz Ostindien
20 Tropfen Atlasceder
5 Tropfen blaue Kamille
5 Tropfen Jasmin

Zitrushain

20 Tropfen Bergamotte
20 Tropfen Orange
5 Tropfen Pampelmuse
5 Tropfen Mandarine

Geborgenheit

20 Tropfen Lavendel
10 Tropfen Mandarine
10 Tropfen Rosenholz
4 Tropfen Jasmin
3 Tropfen Vanille
3 Tropfen Honig

Inneres Feuer

20 Tropfen Blutorange
10 Tropfen Rosenholz
10 Tropfen Mandarine
10 Tropfen Zimtrinde

Entspannung

20 Tropfen Ylang Ylang
10 Tropfen Bergamotte
10 Tropfen Lavendel
5 Tropfen Muskatellersalbei
5 Tropfen Honig

Bei der Massage mit ätherischen Ölen treffen zwei Prinzipien zusammen, die sich auf wunderbare Weise ergänzen. Die ätherischen Öle verhelfen zu einer wohligen Entspannung, die es dem Massierten erleichtert, sich ganz und gar der Massage hinzugeben. Auf der anderen Seite bereitet die Massage den Körper darauf vor, die Wirkungen der ätherischen Öle leichter und offener aufzunehmen. Dadurch verstärken sich die Wirkungen gegenseitig, was nicht nur eine Verdoppelung bedeutet, sondern eine Vervielfachung im Wohlbehagen!

Energiefluss und Massage

Bei der Massage, wie auch im gesamten Leben, gilt: Das Sanfte und Subtile wirkt nachhaltiger als das Feste und Grobe!
Nehmen Sie für die Massage folgende Leitlinie als Orientierung: Sanfte Reize entfachen die Lebensenergie, mittelstarke wirken fördernd, starke hemmen und sehr starke heben sie auf.
Nicht das bewußte Erreichenwollen eines gesetzten Ziels sollte im Vordergrund stehen, sondern das Spüren und Geschehenlassen.
Wenn zu starke Reize gesetzt werden, verspannt sich der Massierte und leistet damit dem Massierenden erheblichen Widerstand, wodurch die segensreiche Wirkung der Massage geschmälert oder gar verhindert wird.
Im idealen Fall geben sich beide Beteiligten ganz dem Geschehen hin. Nur so können alle Energien frei und natürlich fließen.
Der Massierte soll auf jeden Fall seine Gefühle zulassen und ausdrücken. Das können Töne, Bewegungen, Tränen sein, alles, was Körper und Seele bewegt. Der Massierende erkennt so auch leichter, wie der Massierte auf bestimmte Berührungen reagiert. Der Massierende sollte immer mit offenen Augen die körperlichen Reaktionen

des anderen beobachten und seine Behandlung darauf einstellen.
Bei auftretenden Schmerzen, seien es Muskelverspannungen oder seelische Schmerzen, die sich körperlich ausdrücken, sollten Sie ganz behutsam vorgehen. Hat der Massierte beispielsweise auf der rechten Körperseite starke Verspannungen, links aber nur geringe Beschwerden, so beginnen Sie in einem solchen Fall immer mit der gesünderen Seite. Dadurch bekommt die andere schon heilende Impulse und kann sich etwas entspannen. Der Massierende gewinnt unterdessen ein besseres Gefühl für den Zustand des Massierten und kann sich langsam an die kritischen Stellen herantasten.
Schmerzen sind Ausdruck von gestauter Energie, die in ihre natürlichen Bahnen zurückkehren möchte. Versuchen Sie, als Massierter, herauszuspüren, was Ihnen der Schmerz sagen will und wohin die gestaute Energie wieder fließen möchte.
Als Massierender können Sie in schmerzfreien Zonen aus einer Fülle von verschiedenen Griffen wählen, während in schmerzhaften Gebieten die später erwähnten sanften Techniken eingesetzt werden sollten. Erfühlen Sie die Schmerzpunkte und spüren Sie den Schmerzen nach. Das geschieht am besten durch einfaches Handauflegen. Das eigene Empfinden wird dann sagen, ob es genügt, die Hand einige Zeit an dieser Stelle verweilen zu lassen, oder ob eine sanfte Bewegung, in Richtung des natürlichen Energiestromes, besser ist.
Der Massierende ist stets nur ein Katalysator. Er hilft dem Massierten dabei, sich zu erinnern, was sich bei ihm verkrampft und verschließt. Der Heilungsprozeß basiert auf den aktivierten Selbstheilungskräften des Massierten, auf seiner Erkenntnis, wodurch die vorhandenen Stockungen verursacht sind.
Der Massierende soll nichts erreichen und erzwingen wollen, sondern mit Offenheit und Gleichmut diesem intensiven Geschehen folgen!
Alle diese Grundregeln gelten selbstverständlich während der gesamten Massage. In den Behandlungsabläufen werden sie deshalb auch nicht mehr gesondert erwähnt.

MASSAGETECHNIKEN

Das Erlernen einer Technik ist sehr wichtig, aber bei weitem nicht alles. Lernen Sie, mit der Zeit immer mehr Ihren eigenen Gefühlen und Intuitionen zu folgen. Ihre Hände bewegen sich dann immer selbstverständlicher zu den Stellen, an denen sie gebraucht werden. Aber bis dahin gibt es noch einiges zu tun!
Zu Beginn steht immer das Verteilen des Massageöles zwischen den beiden Handflächen.
Die Druckrichtung beim Massieren soll sich zum Herzen hin bewegen. Dabei berühren beide Hände den Körper des anderen, und dieser Hautkontakt soll auch während der gesamten Massage beibehalten werden. Die eine Hand kann dabei die wandernde aktive sein und die andere mehr die passiv spürende. Weiche rhythmische Bewegungen sind sehr wichtig, damit der Massierte sich sicher und geborgen fühlen kann.

AUSSTREICHUNGEN

Am Anfang und Ende der Massage eines jeden Körperteiles stehen die sogenannten Ausstreichungen. Sie werden überall dort angewandt, wo die Abflußwege des Körpers angeregt werden sollen.
Die Ausstreichungen gestalten sich als Ummantelung des betreffenden Körperteils mit beiden Händen; vergleichbar dem Wasser, das in einem Bach über einen Stein läuft. Mit der gleichen Geduld und Weichheit sollen die Massagebewegungen ausgeführt werden. Die Kraft verteilt sich auf der gesamten Handfläche, die, ohne Zwischenräume zu bilden, auf der Haut aufliegen sollte. Die Bewegungen verlaufen mit sanftem

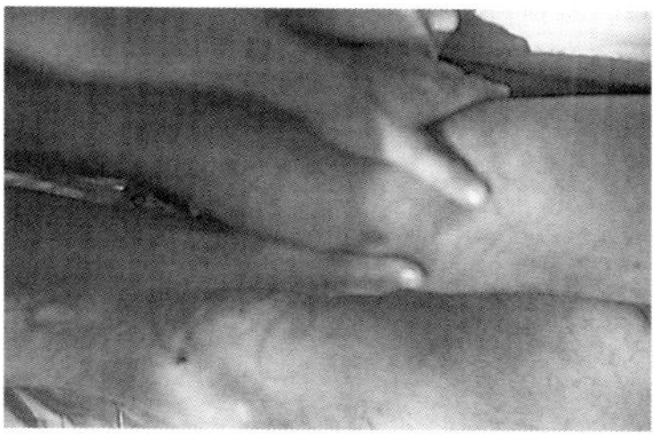

Ausstreichungen am Unterschenkel, bis über die Kniescheibe (Endpunkt).

Druck in Flußrichtung, immer zum Herzen hin. Am Ende der Bewegung kehren die Hände, ohne den Hautkontakt zu verlieren, wieder zu ihrem Ausgangspunkt zurück.

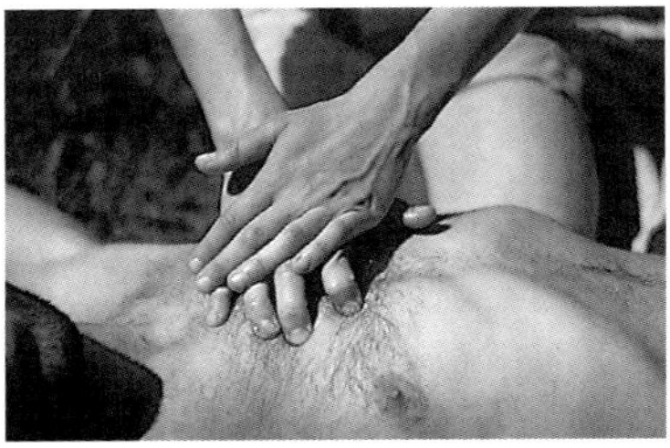

Stehende Kreise, mit leichtem Druck in die Tiefe, seitlich des Brustbeines.

Stehende Kreise

Die stehenden Kreise sind eine Technik, um das Lymphsystem anzuregen und die Abflußwege freizumachen. Sie können mit einer oder mit beiden Händen ausgeführt werden.
Bei der zweihändigen Methode liegen die Hände übereinander, wobei die obere Hand die kreisende Bewegung ausführt und die untere diesem Impuls passiv nachfolgt.
Folgende Körperstellen kommen für die stehenden Kreise in Betracht: oberhalb des Schlüsselbeines, Ellenbeuge, Kniekehle, Achselhöhle, seitlicher Hals und Gesicht.
Die sanfte Bewegung beginnt am tiefsten Punkt des Kreises, in Flußrichtung zum Herzen hin, um am höchsten Punkt, nur mit der Elastizität des Gewebes, ohne Druck, wieder zum Ausgangspunkt zurückzukehren.

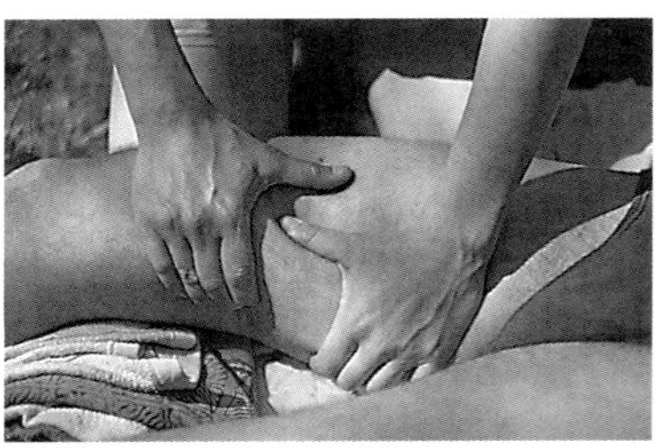

Knetungen an der Oberschenkelinnenseite

Knetungen

Knetungen sind dort angebracht, wo die Körpermuskulatur gut heraushebbar ist, an Wade, Oberschenkel, Oberarminnenseite, Bauch und Schulter.
Bei der Knetung, zum Beispiel am Oberschenkel, liegen die Hände mit

geringem Abstand an der Innenseite. Die vier Finger beider Hände greifen den Muskel von unten, und die Daumen üben einen sanften Druck von oben her aus.
Vergleichbar ist diese Technik mit dem Teigkneten beim Kuchenbacken. Die Bewegungen verlaufen wellenförmig. Die eine Hand zieht den Muskel kräftig nach unten, während die andere den Muskel in die Gegenrichtung dehnt. Die Kraft muß auch hier auf der gesamten Handfläche verteilt sein, damit die Bewegungen kraftvoll und harmonisch sein können. Durch diese Technik wird die Muskulatur gut durchblutet und geschmeidig. Die Muskelspannung kann durch schnelles, rhythmisches Massieren erhöht, durch langsames herabgesetzt werden.

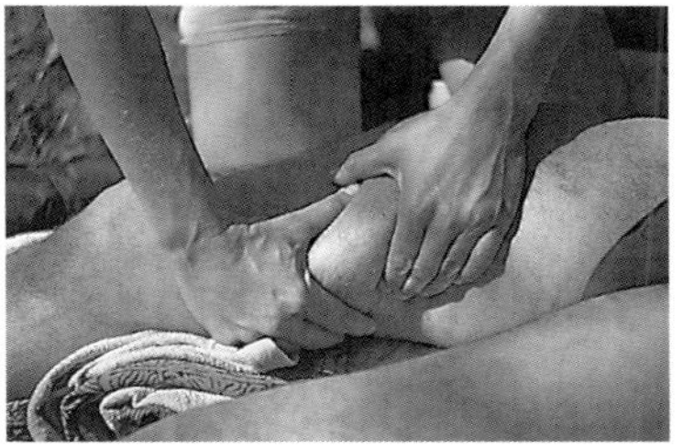

Knetungen an der Oberschenkelinnenseite.

Walkungen

Walkungen kommen überall dort in Betracht, wo die Muskulatur derber und fester ist und von Knochen unmittelbar unterlagert wird. Das sind Oberschenkelaußenseite, Unterarm, Schienbein und Kreuzbein.
Die Bewegung entspricht einer Spirale, quasi langsame, sich überschneidende Kreise. Der Kreis fängt wieder an seinem niedrigsten Punkt an und geht mit sanftem Druck, in Richtung Herz, zu seinem höchsten Punkt, um dann, ohne Druck, zu seinem Ausgangspunkt zurückzukehren. Die Bewegungen sind vom ausgeübten

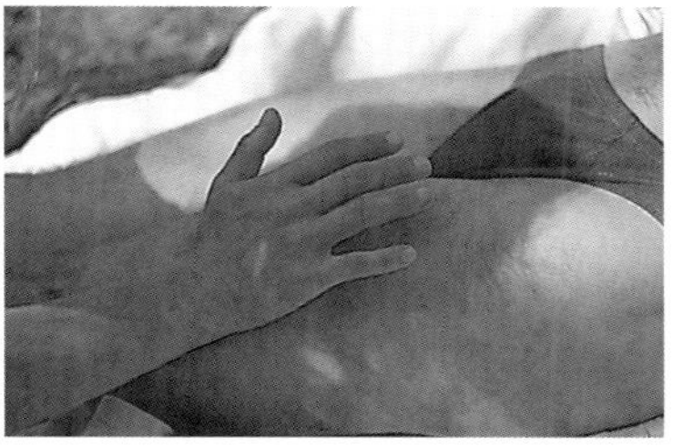

Walkungen an der Oberschenkelaußenseite.

Druck her etwas kräftiger, zusätzlich dadurch verstärkt, daß die Muskulatur leicht gegen die Knochen gedrückt wird.

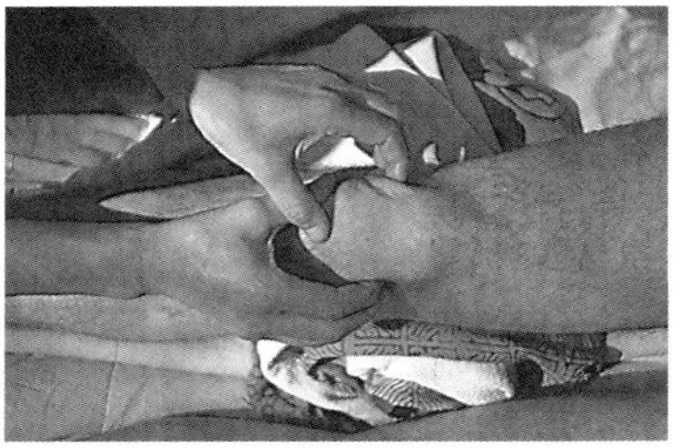

Friktionen um die Kniescheibe herum.

Punktuelle Friktionen

Punktuelle Friktionen werden vorwiegend an Fußknöcheln, Knien, Hüfte, Ellenbogengelenk und an (nicht auf!) der Wirbelsäule angewandt. Sie sind quasi kleine stehende Kreise, die allmählich in die Tiefe gehen. Sie können mit dem Daumen oder mit vier Fingern ausgeführt werden.

Legen Sie, zum Beispiel, die Hände links und rechts der Kniescheibe ans Bein. Krümmen Sie die Finger im Endgelenk ganz leicht und umfahren Sie die Kniescheibe mit kleinen Kreisen, die immer mehr in die Tiefe gehen.

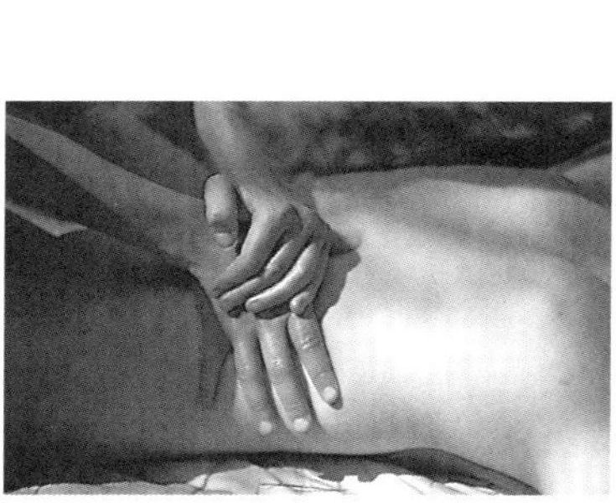

Daumendruckpunkttechnik.

Punktueller Daumendruck

Die Daumendruckpunkttechnik wird bei starken Verspannungen und Blockaden angewandt. Hier müssen Sie sehr zart, mit viel Fingerspitzengefühl massieren. Es ist ein vorsichtiges „Einschleichen" und anschließendes Verweilen im schmerzhaften Bereich. Der Daumen sinkt ganz sanft in die Hautoberfläche hinein und verharrt am tiefsten Druckpunkt. Dieser Punkt muß für den Massierten noch gut erträglich sein. Genau so langsam wie Sie den Druck

ausgeübt haben, gehen Sie mit dem Daumen wieder zurück.
Die Daumendrucktechnik nimmt Schmerzen und regt den Energiefluß an.

Daumenkreiselungen

Diese Technik findet ihre Anwendung bei den Körperpartien, die unmittelbar über den Knochen liegen. Zum Beispiel am Unterarm und an Hand- und Fußrücken. Der Daumen beschreibt, in Flußrichtung zum Herzen hin, sachte streichende Kreise. Der Druck erfolgt halbmondförmig vom tiefsten zum höchsten Punkt und abwärtsgerichtet, ohne Druck, zum Ausgangspunkt zurück.

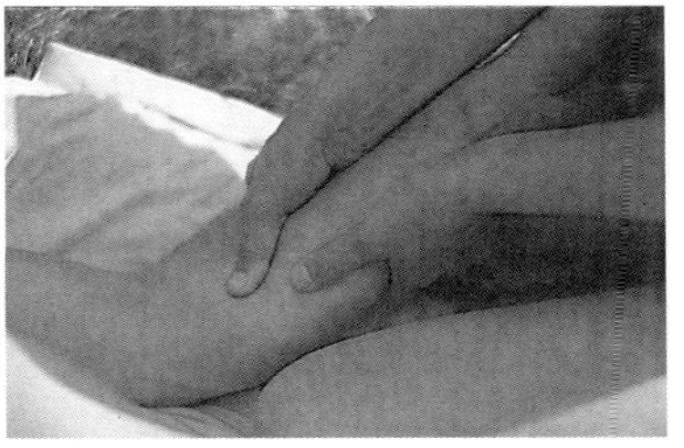

Daumenkreiselungen am Unterarm.

Dehnungen

Dehnungen lassen sich am besten an Schultern, Hals, Armen und Beinen vornehmen. Tasten Sie sich vorsichtig in die Bewegung hinein. Jedes ruckartige Vorgehen sollte vermieden werden. Da die Dehnungen an den verschiedenen Körperteilen unterschiedlich ausgeführt werden, finden Sie deren Beschreibung im folgenden Abschnitt bei den Massagevorschlägen.

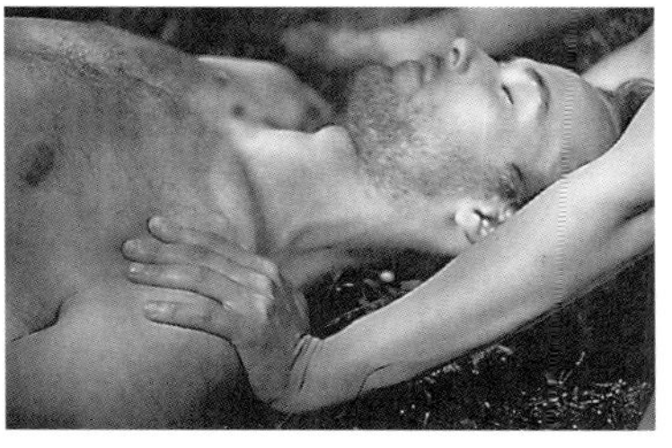

Einhanddehnung. Die eine Hand umfaßt den Nacken und zieht sanft, die andere drückt die Schulter weg.

Vorsichtsmassregeln

Die Dynamik des Lebens bringt es mit sich, daß alles, was sich segensreich auswirken kann, eine Schattenseite in sich birgt, die unter bestimmten Umständen zutage tritt. Um

ungünstige Folgen zu vermeiden, ist daher bei folgenden Krankheitszuständen von einer Massage abzuraten: Akutes, hohes Fieber, unmittelbar nach einer Operation, direkt nach einem Schlaganfall oder Herzinfarkt, Tuberkulose, offene Wunden und Krampfadern.
Im Falle einer Schwangerschaft sollte sehr sacht massiert werden, da unter Umständen durch unsachgemäße Behandlung eine zu frühe Geburt eingeleitet werden kann.

Massagevorschläge

Eine Ganzkörpermassage beginnt mit den Beinen, erst das rechte, dann das linke. Anschließend sind die Arme an der Reihe, erst rechts, dann links, schließlich Brust und Bauch, alles in Rückenlage. Der Massierte dreht sich nun herum, und Sie beginnen wieder bei den Beinen, rechts und links, und gehen dann zum Rücken und Nacken über. Wieder in Rückenlage erfolgt zum Schluß die Behandlung von Hals und Kopf. Den Ausklang bildet eine kurze Nachruhe.

Ausgewählte Beispiele für die Massage einzelner Körperteile:
Massagevorschläge für Bauch und Brustkorb (Rückenlage)

Die Ausstreichungen beginnen an der Schamhaargrenze, verlaufen über den Brustkorb bis hinauf zu den Schultern und ohne Druck wieder zum Ausgangspunkt zurück.
Beginnen Sie, auf der herzentfernten Seite des Massierten, mit den Knetungen der Flanken, der Bauchmuskeln und des Brustmuskels (allerdings nur beim Mann). Dabei stehen Sie auf der herznahen Seite des Massierten.
Dann folgt das Ausziehen der rechten Rippenzwischenräume, wobei Sie, mit den vier Fingern der einen Hand, den Vertiefungen bis hin zum Brustbein folgen.
Seitlich des Brustbeines werden anschließend, wieder mit vier Fingern, stehende Kreise mit leichtem Druck in die Tiefe vorgenommen. In gleicher Weise behandeln Sie nun die herznahe Seite des Massierten, wobei Sie Ihren Standort auf die herzferne Seite verlagern müssen.
Eine besondere Form der Massage ist die Behandlung des Darmes. Sie wirkt sehr förderlich, wenn der

Ausziehung der Rippenzwischenräume.

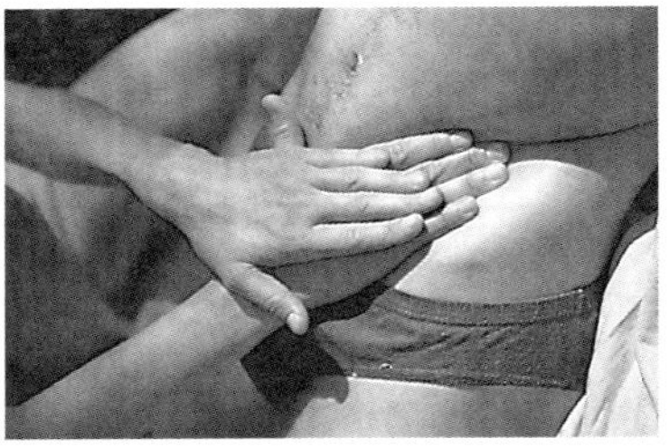

Darmmassage. Ausstreichungen, von der Taille links beginnend.

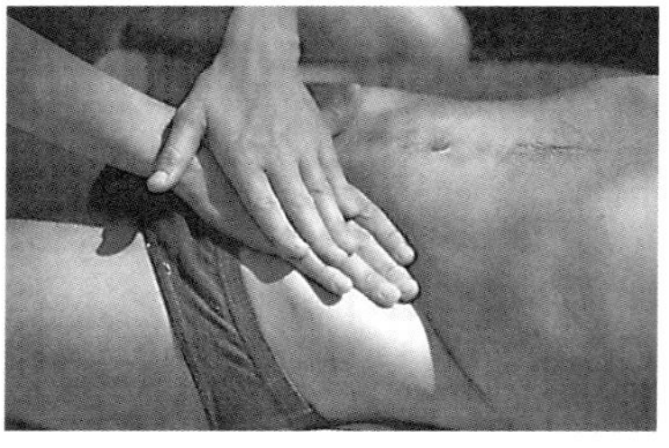

Darmmassage. Ausstreichungen, von der Taille links beginnend.

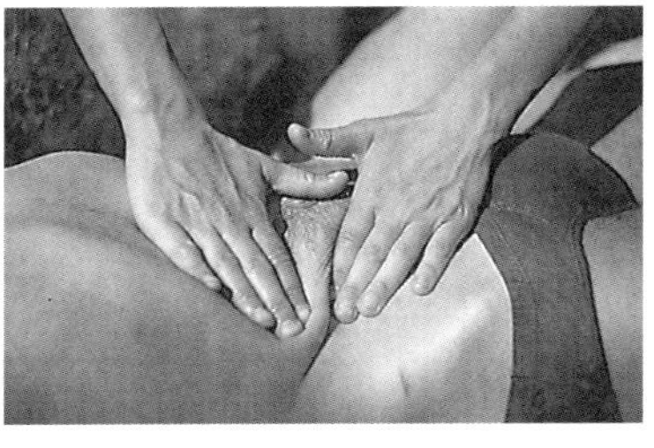

Beidhändig abwechslende rhythmische Massage des Darmes. Stehende Kreise, die sich im Darmverlauf fortbewegen.

Massierte unter Verstopfungen leidet. In diesem empfindlichen Bereich ist langsames, behutsames und rhythmisches Vorgehen von größter Bedeutung.

Der Massierende beginnt mit mehreren Ausstreichungen, von der linken Taille ausgehend, innen am linken Beckenkamm vorbei, bis zum Schambein. Dies entspricht dem Verlauf des absteigenden Dickdarms. Dann wird der querverlaufende Dickdarmteil in die Ausstreichungen einbezogen, ausgehend von der rechten Taille, über den Bauchnabel, hin zur linken Taille und dann wieder innen am Beckenkamm entlang, bis zum Schambein.

Zuletzt wenden Sie sich dem aufsteigenden Dickdarmteil zu. Massieren Sie, rechts des Schambeines beginnend, am rechten Beckenkamm innen vorbeiziehend, zur rechten Taille. Von dort über den Bauch zur linken Taille und wieder zum Schambein zurück.

Eine Variante ist die beidhändig abwechselnde rhythmische Massage des Darmes. Der Ablauf entspricht der vorherigen Beschreibung. Diese Technik ist den stehenden Kreisen verwandt, wobei sich hier die Hände kaum merklich im Darmverlauf fortbewegen.

Den Abschluß bilden wieder die Ausstreichungen des gesamten Bauch- und Brustraumes.

Massagevorschläge für den Rücken (Bauchlage)

Beginnen Sie mit den Ausstreichungen des gesamten Rückens. Der Massierende steht auf der herznahen Seite des Massierten. Die Hände liegen parallel der Wirbelsäule am Kreuzbein und streichen beiderseits der Wirbelsäule entlang, bis hinauf zum Halsansatz. Über die Schulterblätter und Flanken kehren die Hände, ohne Druck, wieder zu ihrem Ausgangspunkt zurück. Setzen Sie die Behandlung auf der herzentfernten Seite des Massierten fort. Ziehen Sie einen Bogen, mit übereinandergelegten Händen, vom Hüftknochen ausgehend über den Beckenkamm, bis hin zum Kreuzbein. Die obere Hand übt einen leichten Druck aus, dem die untere Hand passiv folgt. Sie können die Konturen des Beckenkammes zusätzlich noch mit Zeige- oder Mittelfinger nachziehen, immer von der Seite hin zum Kreuzbein. Danach folgt das Ausziehen entlang des Kreuzbeines.
Kneten Sie als nächstes die Gesäßmuskulatur und die Flanken.
Anschließend werden die Rückenstreckmuskeln entlang der Wirbelsäule durch sanfte Friktionen, mit acht Fingern, vom Kreuzbein bis zum Halsansatz gelockert.
Nach dem Umfahren des inneren Schulterblattrandes, am besten mit

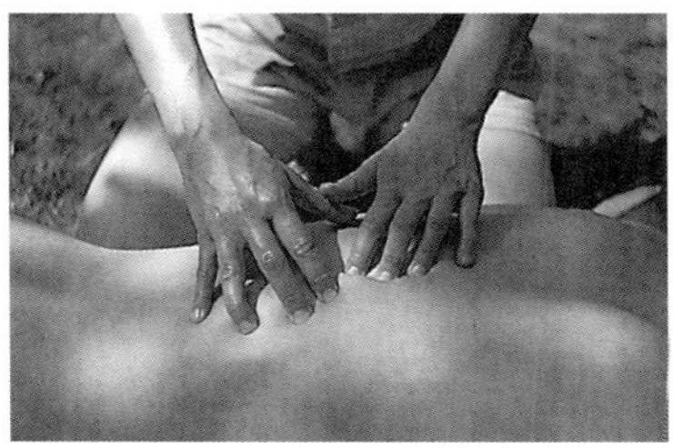

Sanfte Friktionen aller acht Finger vom Kreuzbein bis zum Halsansatz.

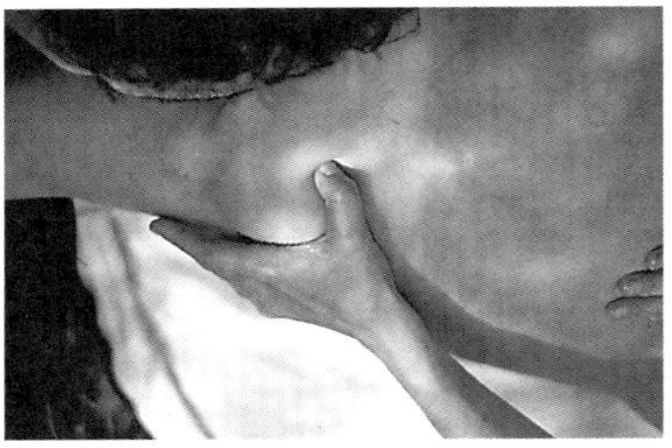

Umranden des Schulterblattes.

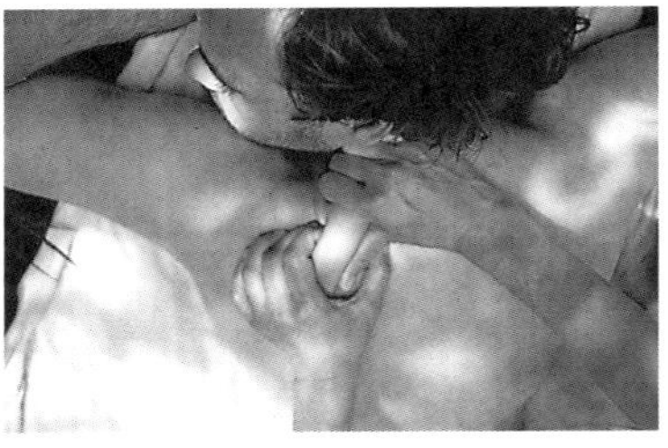

Knetungen entlang der oberen Schulterblattlinie.

dem Daumen ausgeführt, kann das Schulterblatt direkt mit Friktionen oder Walkungen von muskulären Verspannungen befreit werden.
Danach kommen die Knetungen der Muskulatur an der Außenseite des Schulterblattes, direkt unterhalb der Achselhöhle, gefolgt von langsamen Knetungen entlang der oberen Schulterblattlinie.
Einige der eben beschriebenen Griffe können auch beidhändig ausgeführt werden, so zum Beispiel die Friktionen entlang der Rückenstreckmuskeln auf beiden Seiten der Wirbelsäule.
Ein weiterer beidhändiger Griff ist das flächige Ausziehen der Sehnenplatte zwischen den inneren Schulterblatträndern. Hierbei wird, mit Daumen oder den vier Fingern einer jeden Hand, von der Wirbelsäule zu den inneren Schulterblatträndern flächig ausgezogen.
Vor den abschließenden Ausstreichungen machen Sie noch eine leichte Dehnung der Wirbelsäule. Legen Sie dazu beide Hände in der Mitte der Wirbelsäule nahe aneinander. Ziehen Sie nun gleichzeitig, unter leichtem Druck, die untere Hand zum Kreuzbein und die obere zum Halsansatz.

Massagevorschläge für den Hals (Rückenlage)

Am Anfang stehen beidhändige Ausstreichungen, vom Kopfansatz entlang der Halswirbelsäule zu den Schultern, von dort, ohne Druck, zum Ausgangspunkt zurück.
Führen Sie nun an den Muskelsträngen entlang der Wirbelsäule Daumenkreiselungen oder -friktionen durch.
Nehmen Sie dann den Kopf des Massierten in beide Hände und drehen Sie ihn sanft auf die Seite. Dabei bleibt die eine Hand immer unter dem Ohr des Massierten liegen, während die andere auf der Halsseite mit Daumenfriktionen und der Daumendruckpunkttechnik arbeiten kann.
Die Behandlung des Halses wird mit Dehnungen abgeschlossen, die mit größter Sorgfalt und Behutsamkeit ausgeführt werden müssen. Der Massierende legt hierbei beide Hände neben die Halswirbelsäule, so daß sich die Fingerspitzen der Klein-, Ring- und Mittelfinger auf der Halswirbelsäule berühren. Die übrige Handfläche und die Daumen liegen flächig an der seitlichen Halsregion. Der Massierende zieht die Halswirbelsäule nach oben entlang, gleitet dann, mit flächig angelegten Händen, hinter die Ohren, über die Seiten des Hinterkopfes bis zu seinem höchsten Punkt. Dort laufen die Fingerspitzen

Beidhanddehnung.

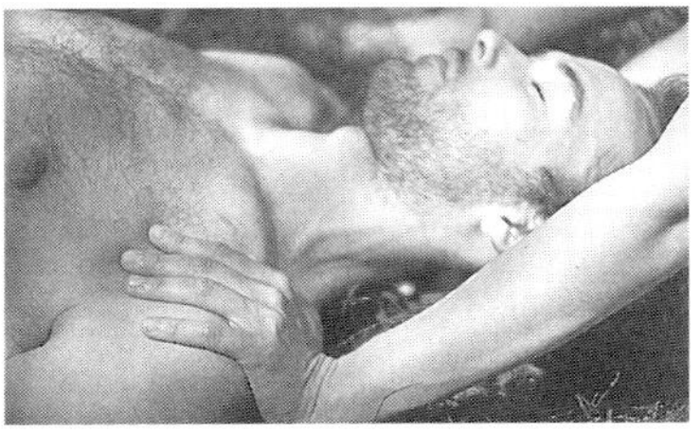

Einhanddehnung. Die eine Hand umfaßt den Nacken und zieht sanft, die andere drückt die Schulter weg.

und schließlich die Handinnenflächen wieder zusammen. Der Kopf des Massierten wird dabei nicht angehoben!
Eine andere Möglichkeit ist die Einhanddehnung, bei der die eine Hand den Nacken sicher umfaßt und zu sich hinzieht, während die andere, auf einer Schulter liegend, diese sanft von sich wegschiebt. Dabei wird der Kopf des Massierten kaum merklich von der Unterlage angehoben.
Findet die Massage auf dem Boden statt, kann auch mit beiden Händen gleichzeitig gedehnt werden. Die Füße drücken dann die Schultern sanft nach unten.

Massagevorschläge für den Kopf (Rückenlage)

Ausstreichungen über das Kinn, von der Mitte nach außen.

Der Massierende sitzt am Kopfende des Massierten. Die Gesichtsbehandlung beginnt mit mehreren Ausstreichungen über Stirn, Wangen und Kinn, immer von der Gesichtsmitte nach außen. Darauf folgen die Ausstreichungen von der Kinnunterseite über die Halsvorderseite zum Schlüsselbein.
Stehende Kreise werden ebenfalls, von der Mitte des Gesichtes nach außen, über Stirn-, Wangen- und Kinnpartie ausgeführt.
Leichte Friktionen an Unter- und Oberkiefer und Stirn schließen sich

an.
Jetzt wird mit beiden Mittelfingern von der Nasenwurzel über den Oberrand der Augenhöhle ausgezogen.
Die Augenbrauen werden von der Mitte nach außen, in mehreren Ansätzen, mit Daumen und Zeigefinger leicht angehoben.
Legen Sie nun die rechte Hand flächig auf die linke Schläfe und ziehen Sie quer über die Stirn zur rechten Schläfe hin. Hier übernimmt die linke Hand die rechte Schläfe und zieht, über die Stirn hinweg, zur linken Schläfe hin. In dieser fließenden Bewegung wiederholen Sie die Stirnausstreichungen einige Male.
Ein belebender Abschluß ist das Ausziehen des äußeren Randes der Ohrmuschel, der dazu zwischen Zeigefinger und Daumen gefaßt wird.

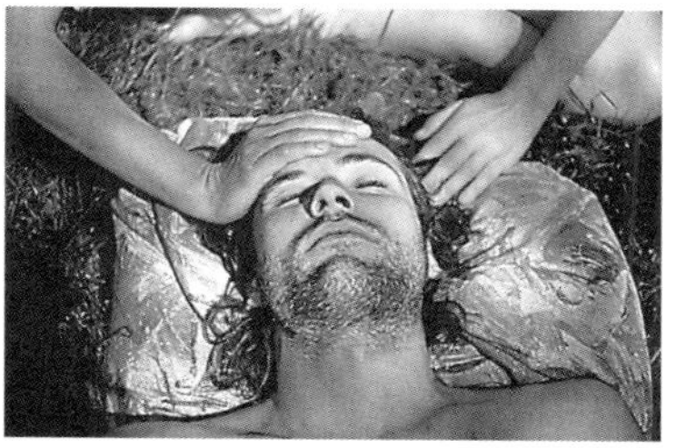

Ausstreichungen der Stirn, von der Schläfe beginnend.

Die Nachruhe

Schließen Sie an die Massage eine mindestens viertelstündige Nachruhe an. Hier wirken die gesetzten Reize noch nach, und die Wirkung kommt zur vollen Entfaltung.
Die Nachruhe muß allerdings eine „echte" Ruhe sein, das heißt, der Massierte sollte, ohne Musik, alleine im Zimmer zurückgelassen werden.
Denken Sie an eine zusätzliche Decke oder eine Wärmflasche unter die Unterschenkel, um ein angenehmes Wärmegefühl zu gewährleisten.

SCHLUSSBETRACHTUNG

Jede Beschreibung des Wunders „Mensch" kann immer nur Teile beleuchten. Aber letzten Endes entzieht sich das Mysterium dem Zugriff von Systemen und Erklärungen. Unter diesem Vorbehalt noch einige abschließende Worte.

Das gesamte Weltgeschehen kann auf drei Ebenen betrachtet werden: der materiell-körperlichen, der emotionalen, gemütsbewegenden und der geistig-seelischen.

Am menschlichen Körper repräsentiert der Kopf das geistige Prinzip. Atmung und Herz, die beiden rhythmischen Lebensspender, Bauch und Becken, mit den Organen des Stoffwechsels, halten Geben und Nehmen im Gleichgewicht. Sie sind dem Bereich Gemüt und Emotion zugeordnet.

Das Körperliche, Materielle symbolisieren in dieser Betrachtungsweise das Knochengerüst, Arme und Beine.

Dieses Zuordnungssystem läßt sich bis ins kleinste Detail untergliedern.

Am Bein entspricht der Fuß dem geistigen Bereich, am Arm die Hand. Unterschenkel und Unterarm stehen fürs Emotionale. Oberschenkel und Oberarm drücken die materielle Ebene aus.

Zum Materiellen und Formgebenden gehören die Knochen, Sehnen und Muskeln.

Die Gemütsebene spiegelt sich in den Fließsystemen des Körpers wider, in Blut und Lymphe.

Das geistige Prinzip entspricht dem Nervensystem.

Diese übergreifenden Betrachtungen ermöglichen es, den symbolischen Gehalt einer körperlichen Störung zu erkennen. Der körperliche Schmerz oder die eingeschränkte Funktionsfähigkeit ist dann der Hinweis und Schlüssel zu einer Störung im nicht sichtbaren Bereich, sei es im Seelisch-Geistigen oder im Emotional-Gemüthaften. So können der Ort eines Schmerzes und das System, in dem er auftritt, zum tieferen Verständnis der Ursache führen.

Hier einige Beispiele:
Bei Krampfadern ist der Rückfluß des venösen Blutes gestört. Daraus läßt sich eine Störung im Emotional-Gemüthaften schließen. Das Verhältnis von Geben und Nehmen befindet sich in einem Ungleichgewicht. Vielleicht hat derjenige große Schwierigkeiten, seinen Gefühlen Ausdruck zu verleihen, und sie stauen sich in seinem Inneren, genauso wie sein Blut. Da die Krampfadern meistens am Unterschenkel auftreten, deutet das doppelt auf die emotionale Ebene hin.
In gleicher Weise wird bei Kopfschmerzen, nächtlichem Einschlafen der Hände oder Fußkrämpfen eine Störung auf der geistigen Ebene offenbar: sowohl durch die gestörte Funktion des Nervensystems, als auch durch das Auftreten in den dem Geist zugeordneten Bereichen Kopf, Hand und Fuß.
Treten Krämpfe im Wadenbereich auf, haben wir es, wie auch zum Beispiel bei Intercostalneuralgien, Angina pectoris und Asthma bronciale, mit einer Störung zu tun, die bereits zwei Ebenen erfaßt. Das Nervensystem ist aus dem Gleichgewicht geraten, und die Beschwerden sind an Körperteilen zu finden, die dem emotionalen Bereich zugeordnet sind.
Erkrankungen der Gelenke deuten immer auf eine Disharmonie zwischen den beiden Bereichen, die sie verbinden. Knie-, Schulter- und Hüftgelenksbeschwerden, alles Gelenke, die materielle und emotionale Ebene verbinden, weisen auf ein Mißverhältnis zwischen dem empfindenden Erleben und dem Ausdruck des Menschen in seiner Außenwelt hin.
Schmerzen des Handgelenkes oder der Halswirbelsäule verweisen auf eine Störung in der Verbindung von Denken und Fühlen.
Selbstverständlich bringt jede Störung eine Befindlichkeitsveränderung auf allen drei Ebenen mit sich, da diese untrennbar miteinander verbunden sind.
Aber der fühlbar gewordene Schmerz ist der Schlüssel zum Erkennen der Ursachen.
Auch unsere Umgangssprache kann deutliche Hinweise geben, wo „der Hase im Pfeffer liegt".
Vielleicht versuchen Sie, etwas übers Knie zu brechen oder Sie bekommen in einer Situation weiche Knie. Manchem bleibt vor Angst die Luft weg oder gar das Herz stehen. Schlägt Ihnen etwas

auf den Magen, kommt Ihnen die Galle hoch oder geht es Ihnen an die Nieren oder auf die Nerven? Ihnen fallen bestimmt noch unzählige weitere Redewendungen ein!
Zum Ende dieses Abschnittes noch einmal die Ermutigung:
Lernen Sie immer mehr, Ihren Sinnen und Gefühlen zu vertrauen, denn der Intuition in Liebe sind keine Grenzen gesetzt!

Welt fällt
fällt
so weit
durch Raum und Zeit
in den Schoß
der Ewigkeit

Meditation

Zahllose Pfade bieten sich dem Meditierenden auf dem Weg zu sich selbst: mit tausenden von Abzweigungen, Wegweisern, Schlaglöchern, Rastplätzen, Gurus und Heiligen.
Auf diesem bunten Jahrmarkt, wo Sucherin und Sucher nicht von der Würstchenbude zum Schießstand und von der Achterbahn zur Losbude wechseln, sondern von der Dynamischen Meditation zum Samadhitank und von der Zen Meditation zum Tantra.
Meditation kann genauso konsumiert werden wie Vanilleeis und Coca Cola. Wie im „übrigen Leben" kann sich auch hier Geiz, Konkurrenzkampf und Eifersucht austoben: Ich meditiere aber öfter als Du...Ich bin näher an der Erleuchtung...Der Meister mag mich lieber...
Damit zeichnet sich schon deutlich der Weg ab, auf den ich Sie führen möchte: Nicht auf den Meditationsrummelplatz, mit all seinen Sessions, Brainmachines, Events und Camps, sondern sehr unspektakulär und leise zu sich selbst, zum Alltäglichen, zum unmittelbaren Sein. Ein lieber Freund hat einmal gesagt: „Jeder Rülpser ist realer als der brillanteste Gedanke über Gott und die gesamte Existenz!" (und eigentlich hat er statt Rülpser noch etwas anderes gesagt...) Das trifft den Nagel genau auf den Fuß! Es geht um das Einfache, das unmittelbar Vorhandene, und doch suchen alle das ganz Besondere, das Überwältigende! Deshalb sehen sie auch nicht, was unmittelbar vor den Augen ist, sondern nur fern am Horizont das goldene Leuchten, und sie fangen an zu laufen; doch der Horizont läuft mit, und das Gold glänzt immer noch im gleichen Abstand!
Sehr aufschlußreich ist auch die Anekdote vom Zenschüler und seinem Meister: Auf die Frage des Schülers: „Wo ist der Weg?" wirft der Meister mit dem nächstbesten Gegenstand nach ihm. In Worte übertragen würde das bedeuten: „Du bist der Weg!"
Mehr ist eigentlich nicht zu sagen, alles zusammengefaßt bleibt nur ein Satz: „Sei Du selbst", richtiger nur ein Wort „Sei!" und ureigentlich nur Stille...
An diesem Punkt ist alles Wissenwollen, Einmischen, Streben, Hoffen, Wünschen und Bangen verschwunden. Es ist ein Geschehenlassen, oder besser, da niemand mehr da ist, der etwas geschehenlas-

sen kann, ein Geschehen. Es geschieht, was ist!
Und darin liegt alle Schönheit und Heilheit dieses Universums. Bei kleinen Kindern, die noch nicht gelernt haben, sich zu verstellen, können wir das beobachten: Da ist Freude und Lachen, niemand, der sich freut und lacht, da ist Schmerz und Wut, aber keiner, der Schmerzen leidet und Wut empfindet. Der ganze Körper des Kindes ist beteiligt , jede Pore, nichts wird zurückgehalten, nichts weggetan und nichts dazugefügt. Und darin liegt eine unendliche Schönheit.
Je erwachsener ein Mensch wird, desto mehr wird er gezwungen, zu kontrollieren, zu taktieren und zu manipulieren. Dafür verwendet er genau die gleiche Energie, die das Kind dazu benutzt, sich auszudrücken, um nach tausend kleinen Tränen plötzlich, wie aus heiterem Himmel, wieder zu lachen. Beim Erwachsenen staut sich die Lebensenergie, sein Ausdruck wird immer unlebendiger und härter, und so entstehen all die Millionen Masken und Rollen, denen wir tagein tagaus, bei uns selbst und anderen, begegnen.
Der einzige Weg ist, zu leben, sich den Erfahrungen zu stellen, Freude, Trauer, Einsamkeit, Lust, Schmerz, Licht und Dunkel zu leben. Wir können nur etwas hinter uns lassen, wenn wir es wirklich durchlebt, am eigenen Leib erfahren haben; wenn wir es begriffen haben, das heißt gespürt, mit unseren „Händen" berührt haben. Es hat keinen Sinn, zum Beispiel die Sexualität zu verurteilen und sich willentlich zu enthalten. Es ist viel wichtiger und richtiger, sie in all ihren Höhen und Tiefen zu er- und zu durchleben, dann erst kann der Punkt kommen, wo kein Verzicht mehr steht, sondern wo sie von sich aus verschwindet.
Die Meditationen aus dem Land des Regenbogens sollen auch „nur" eine Einladung sein, mit offenen Sinnen durch all die Erfahrungen des Lebens hindurch zu gehen. Hier liegt auch das „Geheimnis": Kein Kurs, keine Maschine, kein Lehrer, kein Meister kann es uns abnehmen, wir selbst zu sein!
So oft werden all die esoterischen Angebote dazu benutzt, im Äußeren zu verharren, die Hoffnung zu nähren, es bedürfte nur des richtigen ätherischen Öles, des passendsten Zeitpunktes oder des liebevollsten Begleiters. Aber dies bedeutet immer eine isolierte Suche nach Gott – irgendwo draußen und weit entfernt. Dabei ist „Gott" gar nicht zu suchen und zu finden. „Er" ist da! Schon immer und ewig, nie auch nur eine Tausendstelsekunde von uns getrennt. Ein Mensch,

der dies erfährt, wird heil, aber ohne Versuche, dies herzustellen. Es geschieht einfach. Diese wirkliche Schön- und Ganzheit entsteht aus einem einzigen Wort heraus. Dieses Wort heißt „Ja". Ja zum Leben, ja zum Sterben, ja zum Licht und ja zur Dunkelheit. Es ist das Wort, das alle Türen öffnet, das Wort allen Lebens und Fließens.
Hat der Frühling nicht seine eigene Schönheit, wenn sich das erste Leben wieder aus der eisigen Erstarrung löst? Hat nicht der Herbst seine Schönheit, wenn in den strahlendsten Farben die Blätter voller Anmut zu Boden fallen?
Es ist ein erstaunliches Phänomen, daß fast alle Menschen den Tod als furchterregend, böse und feindlich spüren. Warum kann denn Tod nicht auch freudvoll, anmutig und schön sein? Kann der Tod denn etwas anderes sein als der komprimierte Spiegel des gesamten Lebens?
Das Nein zum Sterben, das gleichzeitig ein Nein zum Leben ist, unterbricht den Fluß unserer Energie, es spaltet und trennt!
Dies bedeutet jetzt nicht, zu allem ja und amen zu sagen. Wenn ein inneres Nein auftaucht, können Sie dazu auch ja sagen. Hier wird deutlich, daß ja immer größer als nein ist, es beinhaltet das Nein, wie auch die Liebe den Haß einschließt. Deshalb möchte ich allen Lesern dieses Ja mit auf den Weg geben!
Bei den Meditationen aus dem Land des Regenbogens geht es gerade um dieses Ja! Alles Geschehen ist weder gut noch schlecht, erst der Mensch verleiht allem diese Prädikate!
Der Tag, mit all seiner Betriebsamkeit, dem hellen Sonnenlicht, tausenden von Tönen und Farben, hat seine Schönheit, wie auch das Dunkel und die Stille der Nacht, mit dem silbernen Mond und den glitzernden Sternen. Leben ist gut, Sterben ist gut; Leben ist schlecht, Leben ist gut, wir selbst sind die Richter! Und mit unserem Urteil richten wir uns selbst. Wir sind Richter, Angeklagter, Gefängniswärter und Häftling, alles in einer Person!
Alles auf Erden hat Für und Wider, Licht und Schatten! Meditieren heißt vor allem, sich dieser Tatsache bewußt zu sein und den ewigen Kreislauf unserer Wünsche zu durchbrechen: Wenn ich erst mehr Geld verdiene..., wenn ich erst das richtige Auto fahre...., wenn ich erst den richtigen Partner gefunden habe..., dann werde ich glücklich sein! Diese Hoffnung rechnet immer in die Zukunft hinein, nie mit der Gegenwart! Dabei hält uns niemand ab, außer wir uns selbst, auf

der Stelle glücklich zu sein! Es ist unabhängig von jeder Situation, von Zeit und Raum!
Die Meditation aus dem Land des Regenbogens ist etwas vollkommen Alltägliches, das in jeder Sekunde, an jedem Ort erlebt werden kann. Meditation hat mit Freude und spielerischem Handeln zu tun!
Versuchen Sie beispielsweise dreimal am Tag, für jeweils drei Minuten, eine Routinetätigkeit ganz langsam, wie in Zeitlupe, und ganz bewußt zu tun. Das kann Treppensteigen, Kaffeetrinken, Zigaretteanzünden, Händewaschen oder Zähneputzen sein.
Das sieht dann etwa so aus:
Sie ergreifen ganz langsam die Zigarettenpackung, die vor Ihnen auf dem Tisch liegt, schauen sich die Packung ganz genau an, öffnen behutsam die Schachtel. Sehen Sie sich genau an, wie Zigarette neben Zigarette liegt, zählen Sie, wieviele „Glimmstengel" Ihnen noch verbleiben. Dann suchen Sie sich eine heraus, nehmen sie aus der Packung und drehen sie zwischen den Fingern. Spüren Sie den weichen Tabak unter dem Papier und die feste Konsistenz des Filters; riechen Sie den würzigen Geruch des Tabaks! Die Packung können Sie in der Zwischenzeit wieder vorsichtig weglegen. Dann klopfen Sie die Zigarette 2-3 mal auf dem Handrücken auf. Greifen Sie nach der Streichholzschachtel, öffnen Sie diese ganz langsam. Die roten Köpfchen erscheinen, und die Hölzchen liegen wie schlafende kleine Blitze in der Schachtel. Wählen Sie eines aus und nehmen Sie es aus der Schachtel. Führen Sie den Kopf des Streichholzes an die Reibfläche und entzünden Sie es. Achten Sie genau darauf, wann und wo die Flamme entspringt. Schauen Sie genau hin! Welche Farbe und Form hat die Flamme? (Vorsicht, seien Sie nicht zu fasziniert, sonst müssen Sie Ihre Brandblase gleich in ätherisches Lavendelöl halten!).
Die Zigarette hatten Sie schon vorher zum Mund geführt und genüßlich zwischen den Lippen hin und her bewegt. Nun entzünden Sie den Tabak und inhalieren den ersten Zug. Nehmen Sie genau den Geschmack wahr, spüren Sie, wie der Rauch in den Körper eindringt und wohin er gelangt, achten Sie dabei auf Ihre Empfindungen!
Dann blasen Sie den Rauch wieder hinaus. Schauen Sie ihm nach, wie er im Zimmer schwebt, immer neue Figuren bildet und sich dann endgültig auflöst.
Wenn Sie, wie in diesem Beispiel beschrieben, mit wenigen „trivialen" Tätigkeiten so verfahren, wird sich Ihr Leben sehr schnell nach-

haltig verändern!
Spielen Sie dieses Zeitlupenspiel ruhig auch mit anderen Menschen zusammen, das macht noch mehr Spaß!
Im folgenden möchte ich Ihnen noch eine Reihe weiterer Regenbogenmeditationen vorstellen. Darüber hinaus kann sich jeder seine eigenen spielerischen Meditationen gestalten. Ihrer Phantasie sind keine Grenzen gesetzt!
Das Wichtigste ist, so tief wie möglich ins Tun zu gelangen, so tief, daß das Denken aufhört. Die Energie, die zum Denken notwendig war, kann jetzt dafür verwendet werden, bewußt zu sein.

Herzschlagmeditation

Es gibt nichts Elementareres und Rätselhafteres als unseren Herzschlag. Ohne unser Zutun schlägt unser Herz tagein, tagaus, bis zu dem Zeitpunkt, wo es zum allerletzten Male seinen Dienst tut...
Es ist kein Zufall, daß über kein anderes Organ so viel gesprochen und gesungen wird. Wenn wir uns auf unser eigenes Herz, oder auf das eines anderen Menschen, konzentrieren, kommen wir ganz schnell zum elementaren Sein zurück.
Besorgen Sie sich ein Stethoskop, wie es die Ärzte zum Abhorchen von Herz und Brustkorb benutzen. Legen sie sich bequem und entspannt hin, sorgen Sie vorher dafür, daß Sie nicht gestört werden! Setzen Sie das Stethoskop auf und legen Sie das Ende in Höhe des Herzens. Lauschen Sie für 5 Minuten auf die Musik Ihres Herzens. Machen Sie dieses Spiel morgens und abends. Sie werden erstaunt sein, wie viel herzlicher sie der Welt und sich selbst begegnen!
Diese Meditation ist auch eine wunderschöne Partnerübung, wenn Sie gegenseitig Ihrer Herzensmelodie lauschen! Das öffnet auf sanfte Art die Herzen füreinander!

Stopmeditation

Machen Sie mindestens dreimal am Tag, wenn es Ihnen Spaß macht auch öfter, die folgende Übung:
Halten Sie bei einer alltäglichen Tätigkeit (aber bitte nicht beim

Autofahren) einfach für eine Minute inne. Frieren Sie in genau der Stellung ein, in der Sie gerade sind, das kann durchaus beim Nasebohren, beim Treppensteigen, an der Schreibmaschine oder beim Zeitunglesen sein. Sie können die Zeitpunkte von innen heraus spontan bestimmen oder sich Zeitpunkte setzen.
Diese Meditation erinnert uns daran, uns im äußeren Tun nicht total zu verlieren. Wir gewinnen immer wieder einen kleinen Abstand zu uns selbst und unserem Tun. So wird unser Leben spielerischer und freundlicher.

Exitusmeditation

Die Bedingungen ähneln der Stopmeditation, nur lassen Sie sich diesmal auf den Boden fallen, am besten auf den Rücken. Stellen Sie sich vor: „Zwölf Uhr mittags", wilder Westen, Sie als Hauptdarsteller/in, Revolverduell, der andere zieht schneller...
Sie sind für eine Minute „tödlich" getroffen. Alles Tun, Gedanken und Gefühle enden. Nach dieser Minute setzen Sie Ihre normale Tätigkeit fort. Es ist klar, daß es auch hier Situationen gibt, in denen die Ausführung dieser Meditation etwas unangebracht erscheint. Stellen Sie sich vor, Sie spielen Sturmspitze in einer Fußballmannschaft, Ihre Elf steht gerade im Endspiel, es steht kurz vor Schluß noch 0 : 0, und Sie laufen mutterseelenallein auf den gegenerischen Torhüter/in zu, das Siegestor auf dem Fuß, und dann erinnern Sie sich, daß Sie doch wieder einmal diese Meditation machen könnten. In diesem Falle würde ich Ihnen ausnahmsweise raten, diesen lobenswerten Impuls ein einziges Mal zu unterdrücken!
Aber sie werden schon genug andere Situationen finden!
Diese Meditation erinnert uns immer wieder daran, daß wir hier nur Gäste sind und alles, was wir erreicht und erworben haben, nicht von Dauer ist. Freude, Leid, Tag und Nacht, alles verändert sich, wir können nichts festhalten.

Tiermeditation

Wir sind alle ein bißchen zu zivilisiert, zu sehr in unseren Köpfen

gefangen. Die Tiermeditation hilft, die instinktiven, animalischen Seiten in uns zu beleben.
Eine Viertelstunde am Tag ist schon genug!
Sorgen Sie dafür, daß Sie nicht gestört werden und überlegen Sie sich, welches Tier Sie am liebsten verkörpern möchten, vom Nilpferd bis zum Pinguin steht Ihnen die ganze Fauna zur Verfügung. Dann beginnen Sie, sich wie Ihr ausgewähltes Tier zu benehmen. Werden Sie zu diesem Tier, mit allen Bewegungen, Verhaltensweisen und Lauten.
Sie werden nach wenigen Tagen merken, wie Sie wieder mehr mit Ihrer Vitalität zusammenkommen, wie Sie kräftiger und lebendiger in der Welt stehen!

Duftmeditation „Open heart"

Wählen Sie eine Essenz oder eine einfache Mischung von 2 – 3 ätherischen Ölen. Tragen Sie diese Mischung bei sich und riechen Sie, wann immer Sie sich wohl und freudig fühlen, an dem Fläschchen. Tun Sie dies drei Wochen lang, aber wirklich ausschließlich, wenn Sie positiv gestimmt sind!
Nach dieser Zeit können Sie die Essenz auch in der „Gegenrichtung" verwenden. Riechen Sie daran, wenn Sie sich unwohl fühlen! Alle positiven Assoziationen der vergangenen drei Wochen werden Ihnen helfen, sich gleich besser zu fühlen!
Behalten Sie das Riechen in den positiven Situationen bei und verwenden Sie die Essenz in den gegenteiligen Situationen ganz selten. Auf diese Weise bleibt Ihnen die positive Duftassoziation über lange Zeit erhalten!
Wenn sich Ihr Duftbedürfnis in eine andere Richtung bewegt und Sie den bisherigen Duft nicht mehr so recht mögen, dann ist die Zeit gekommen, mit einer neuen Essenz oder Mischung von vorne zu beginnen!

Duftmeditation „Heaven and hell"

Setzen Sie sich entspannt hin und verdunsten Sie im Raum den Duft, den Sie am wenigsten mögen. Legen Sie Ihre ganze Aufmerksamkeit ins Riechen, werden Sie zur Nase, lassen Sie alle Urteile und Kommentare des Kopfes ins Leere fallen. Wenn Sie diese Übung eine Woche lang, jeweils für fünf Minuten pro Tag gemacht haben, werden Sie feststellen, daß der zuvor abgelehnte Geruch Ihnen gar nicht mehr so schlimm vorkommt, daß Sie Seiten an ihm entdeckt haben, die ihn auch liebenswert machen! Voraussetzung für alle Duftmeditationen sind reine, natürliche ätherische Öle. Bitte keinerlei synthetische Düfte verwenden!

Duftmeditation „In and out"

Setzen Sie sich wieder bequem hin und verdunsten Sie eine Essenz, von der Sie sich eine bestimmte Wirkung wünschen. Fühlen Sie sich beispielsweise müde und erschöpft und wollen noch einiges unternehmen, so verdunsten Sie ätherisches Zitronenöl und wünschen sich, wieder frisch und lebendig zu werden. Konzentrieren Sie sich beim Einatmen auf die gewünschte Wirkung: „Frische und Leben dringt in meinen Körper ein!"

Beim Ausatmen konzentrieren Sie sich auf den Zustand, den Sie verlassen möchten: „Müdigkeit und Erschöpfung verlassen meinen Körper!"

Führen Sie diese Übung etwa 5 – 10 Minuten durch, und Sie werden feststellen, wie sich subtil die von Ihnen gewünschte Wirkung einstellt.

Duftmeditation „Fade away"

Gehen Sie nahe an eine Blume heran und nehmen Sie deren Duft ganz in sich auf. Dann entfernen Sie sich langsam von der Pflanze – bleiben Sie aber ganz auf den Duft konzentriert, alles andere ist vollkommen uninteressant! Nehmen Sie nur mit der Nase wahr! Entfernen Sie sich so weit, bis Sie den Duft nicht mehr riechen. Dann

nähern Sie sich der Blume wieder, bis zur deutlichen Wahrnehmung des Duftes, um sich gleich wieder zu entfernen, wieder bis zu der Grenze, an der der Duft verloren geht.
Nach einigen Tagen der Übung können Sie den Duft „Ihrer" Blume viel deutlicher und schon auf viel größere Distanz wahrnehmen!

Summeditation

Das ist eine wunderbare Meditation für den Alltag! Niemand kann behaupten, er/sie hätte keine Zeit dafür gehabt! Unter der Dusche, beim Autofahren, beim Geschirrspülen...
Summen Sie zweimal pro Tag, jeweils für 10 Minuten. Bei geschlossenem Mund summen Sie einfach, laut oder leise, den Ton „hmmmmmm".
Diese einfache Meditation schenkt schon nach kurzer Zeit das Gefühl von Frieden und Harmonie. Alle Zellen beginnen zu vibrieren, die Körperenergie wird aktiviert und Verspannungen gelockert.

Feuermeditation

Feuer ist das Sinnbild für Vergänglichkeit und Wandlung. Wenn Sie in der glücklichen Lage sind, in Ihrem Zuhause einen Kamin zu haben oder wenn Sie in der Natur, fernab von Förstern und Behörden, ein Feuer entzünden können, dann schauen Sie einmal für eine Viertelstunde in die Flammen. Das Feuer erzählt Ihnen die ganze Geschichte dieser Existenz, mit all ihrem Werden und Vergehen. Schauen Sie nur, lassen Sie Ihre Gedanken und Kommentare vorbeiziehen, schauen Sie einfach und lauschen Sie den Geheimnissen des Lebens!

Wassermeditation

Wasser ist das große Sinnbild für Fließen, Hingabe und Ausgleich. Schauen Sie, am besten an einem kleinen Bach, dem Wasser einfach zu, versinken Sie in dieses Zuschauen! Das Wasser erzählt Ihnen all seine Geheimnisse. Wenn kein kleiner Bach erreichbar ist, vielleicht dann ein großer Fluß mit seiner übermächtigen Sehnsucht, sich ins Meer zu ergießen, oder ein Zimmerbrunnen mit seinem sanften Plätschern. Selbst das Wasser aus dem Wasserhahn erzählt Ihnen seine Geschichte!

Meditation „Crazy horse"

Geben Sie dem Wahnsinn eine Chance! Wir sind alle mit so vielen Pflichten und Notwendigkeiten belastet, daß die Lebensfreude oft zu kurz kommt! Deshalb sollten Sie dreimal am Tag, nur für 2 – 3 Minuten, etwas vollkommen Unsinniges tun. Da werden Ihnen bestimmt sehr viele Möglichkeiten einfallen! Hier nur einige Anregungen: Laut aus dem Telefonbuch vorlesen, die Suppe mit der Gabel „löffeln", eine x-beliebige Telefonnummer anrufen, Grimassen ziehen, knurren, auf einem Bein hickeln...
Diese Übung wird Ihnen helfen, nicht so ganz im Ernst des Lebens zu ertrinken!

Meditation „Dark side of the moon"

Tun Sie öfter einmal etwas, was Sie „unter normalen Umständen" ablehnen! Nein, keine Angst, Sie sollen jetzt nicht als Exhibitionist/in durch die Parks ziehen! Es handelt sich vielmehr um Kleinigkeiten: Gehen Sie in ein Nobelschuhgeschäft, lassen Sie sich die tollsten Modellschuhe holen, probieren Sie zwanzig Paar an und gehen Sie wieder ohne zu kaufen, besuchen Sie ein Eishockeyspiel, buchen Sie kurzentschlossen Freitagabend einen Flug nach Paris und verbringen Sie ein Wochenende fern von Haus und Herd, sagen Sie jemandem einmal, daß Sie ihn/sie mögen, tätigen Sie einen Anruf, vor dem Sie sich schon tagelang drücken...
Vieles von der eingefahrenen Enge wird verschwinden! Haben Sie nur den Mut, ein bißchen unberechenbarer zu werden!

Waschmaschinenmeditation

Haben Sie schon von dem Zenmeister gehört, den seine Erleuchtung im Waschsalon ereilt hat?
Na gut, ich auch noch nicht! Aber jeder kann der erste werden!
Setzen Sie sich entspannt vor die Waschmaschine und konzentrieren Sie sich auf den Mittelpunkt des Sichtglases. Alle Gedanken, die auftauchen, lassen Sie unbeachtet vorüberziehen und bringen Ihre Aufmerksamkeit immer wieder zur Mitte des Glases zurück. Das machen Sie zehn Minuten lang, immer dann, wenn Sie Wäsche haben!
Diese Meditation wird Sie immer wieder aus dem Alltagstrott lösen und Sie zu Ihrer Mitte bringen. Sie werden sich mit der Zeit über jede schmutzige Wäsche freuen!

Namaste-Meditation

Namaste ist der indische Gruß, bei dem die Handflächen in Brusthöhe aneinander gelegt werden.
In dieser Weise beginnen Sie und lassen die Hände etwa eine halbe Minute so zusammen. Konzentrieren Sie sich ganz auf Ihre Hände, so stark, daß nur noch die Hände da sind. Führen Sie die Hände nun ganz langsam, Millimeter um Millimeter auseinander und spüren Sie dabei die Energie, die zwischen den beiden Händen fließt! Die Hände sollten sich so weit voneinander entfernen, daß die Energie noch gut spürbar bleibt. In der entferntesten Position verharren Sie einen Augenblick, um die Hände dann wieder zusammenzuführen.
Machen Sie diese Übung täglich morgens und abends. Jeweils fünf Minuten sind gut, aber wenn Sie großen Spaß daran finden, verlängern Sie die Zeiten einfach auf das Doppelte.
Diese Meditation harmonisiert Ihre Energien und macht Sie dankbarer für Licht und Schatten des Lebens.

Laufmeditation

Wenn Sie noch ungeübt sind und mit dem Laufen erst beginnen, fangen Sie langsam an. Am Anfang genügen 10 Minuten. Wenn Sie Schwierigkeiten haben, legen Sie ruhig auch einmal ein paar langsame Schritte ein. Sie sollen nicht über Nacht zum Marathonläufer werden! Es ist wichtig, daß Sie das Laufen genießen!
Am besten laufen Sie täglich. Nach kurzer Zeit spüren Sie schon, daß Sie auch noch länger laufen können. Ein langsames Steigern ist immer besser als jeder Gewaltakt! Ein schönes Maß ist eine halbe bis dreiviertel Stunde. In diesem Zeitraum können Sie das wunderbare Gefühl erleben, daß es in Ihnen einen Teil gibt, der läuft, und einen Teil, der nicht läuft. Konzentrieren Sie sich auf diesen zweiten Teil. Das Laufen wird absichtslos und federleicht! Ein Zustand, nach dem Sie „süchtig" werden können!
Noch ein Wort zum „Schweinehund". Der ist faul und findet immer einen Grund, warum es gerade jetzt vollkommen undenkbar ist, loszulaufen. Lassen Sie ihn ruhig maulen und mosern, nehmen Sie ihn mit nach draußen und laufen Sie einfach los. Er wird noch eine kleine Strecke neben Ihnen herrennen, aber dann bleibt er bestimmt an der nächsten Ecke knurrend stehen und Sie sind ihn erst einmal los!

Schreimeditation

Nutzen Sie jede Gelegenheit zum Schreien!
Als gutsituierte Staatsbürger sind wir mehr ans „Schlucken" und Akzeptieren gewöhnt. Doch schauen Sie sich einmal die kleinen Kinder an, wie Sie sich die Gefühle aus dem Körper brüllen und urplötzlich wieder anfangen zu lachen! Wenn wir immer nur alles hinunterschlucken, sammeln sich all die ungelebten Gefühle und gären und wuchern. Es gibt viele schöne Gelegenheiten zum Schreien: unter einer Eisenbahnbrücke, wenn gerade ein Zug darüberfährt, während einer Autofahrt, auf dem Fußballplatz beim langersehnten 1:0, unter der Dusche etc.
Sie werden erleben, wenn Sie öfter einmal schreien, daß Sie sich viel ausgeglichener und zufriedener fühlen!

Meditation „Auf der Stelle Laufen"

Diese Meditation ist der Laufmeditation ähnlich, nur daß Sie hier das Absurdeste überhaupt vollbringen. Mit einer Tätigkeit, die der Fortbewegung dient, kommen Sie keinen Zentimeter vom Fleck. Das hat schon „Zencharakter"!
Beginnen Sie, am besten morgens, bevor Sie noch irgendetwas anderes gemacht haben, mit dieser Übung. Anfangs genügen zehn Minuten, die Sie im Laufe der Zeit auf eine halbe Stunde steigern sollten. Vor allem, bleiben Sie locker, es gibt nichts zu erzwingen, kleine Schritte sind besser als der Versuch, einen großen Sprung zu machen! Auch hier werden Sie das Gefühl erleben, daß das Laufen sich verselbständigt: Der Körper trabt und schwitzt, und ein Teil von Ihnen lehnt sich zurück und schaut zu.

Tanzmeditation

Der beste Zeitpunkt dafür ist der frühe Morgen, gleich nach dem Aufstehen. Sie geben dadurch Ihrem Kopf gar nicht erst die Chance, den Tag vorherzubestimmen: „Das kann ja alles gar nichts werden, ich bin so schräg drauf!"
Legen Sie eine fetzige Discomusik auf und tanzen Sie etwa eine Viertelstunde. Am besten, Sie bemühen sich erst gar nicht um einen kultivierten Tanzstil. Machen Sie gerade die Bewegungen, die Ihnen spontan in den Sinn kommen. Nach dieser Zeit legen Sie sich mit geschlossenen Augen fünf Minuten auf den Boden.
Dann können Sie mit Schwung und frischem Mut in den neuen Tag gehen! Diese kleine Übung wird Ihren gesamten Alltag verändern. Tanzen Sie, bis auf wenige Ausnahmen, jeden Morgen!

Gehmeditation

Legen Sie Schuhe und Strümpfe ab, stellen Sie sich aufrecht in lockerer Haltung hin, winkeln Sie den linken Arm an und führen Sie die sanft zur Faust geschlossene Hand zum Brustbein. Die rechte ausgestreckte Hand liegt locker auf der linken Faust. Die ganze Aufmerk-

samkeit ist auf die Füße gerichtet. Setzen Sie nun, mit dem linken Fuß beginnend, einen Fuß vor den anderen, aber in absolutem Zeitlupentempo! Spüren Sie genau, wie die Zehen aufsetzen, wie der Fuß bis zur Ferse hin abrollt, spüren Sie den Untergrund auf dem Sie laufen, nehmen Sie so stark mit den Füßen wahr, als hätten Sie kein anderes Sinnesorgan, um sich in der Welt zurechtzufinden.
Diese Übung sollten Sie mindestens zehn Minuten jeden Tag ausführen. Sie können dabei immer geradeaus gehen und eine Hundertachtziggraddrehung machen, im Viereck laufen oder auch einen Kreis wählen, je nach Ihren räumlichen Gegebenheiten.
Nach einiger Zeit des Übens werden Sie sich geerdet und harmonisiert fühlen!

Literaturverzeichnis

Chia, Mantak und Maneewan: „Tao Yoga der heilenden Massage", Interlaken 1993, Ansata Verlag

Czechorowski, Henri und Claudine: „Spirituelle Einweihungen. 60 einfache und wirkungsvolle Übungen, um Körper, Seele und Geist in Harmonie zu bringen." Aitrang 1991,Windpferd Verlag

Dietrich, Reinhold: „Entspannung durch meditatives Laufen", 1992, Verlag R. Dietrich

Downing, George: „Massage und Meditation", Berlin 1984, Verlag Simon und Leutner

Downing, George: „Partner-Massage. Fitness, Schönheit, Freude", München 1991, Goldmann Verlag

Hanna, Thomas: „Beweglich sein – ein Leben lang. Die heilsame Wirkung körperlicher Bewußtheit", München 1992, Kösel Verlag

Hooper, Anne: „Massage und Liebe. Berührung als Lebenshilfe", Dagmersellen 1989, Verlag Noriam

Klawitter, Uta: „Die Weisheit des Körpers befragen. Bewußtwerden durch Bewegung", Olten 1992, Walter Verlag

Lidell, Lucy: „Die neue Schule der Sinnlichkeit. Sanfte Körpererfahrung durch Massage und Meditation", München 1988, Mosaik Verlag

Maxwell-Hudson, Clare: „Das große Handbuch der Massage. Mit leicht verständlichen Anleitungen zum Erlernen der wichtigsten Massagetechniken", München 1990, Heyne Verlag

Oppenheimer, Mosche P.: „Partnerübungen", Zürich 1988, Hübner Verlag

Schlusswort

Wer nach dem Lesen Lust bekommen hat, selbst Massageöle usw. herzustellen, oder Informationen, Lampen oder Literatur sucht, der kann sich an

Buntspecht Naturwarengroßhandel
Bahnhofstraße 4 a
85080 Gaimersheim

oder

Regenbogen
Borsigallee 55
60388 Frankfurt

wenden.

Viel Freude beim Mischen und Genießen!

Praktische Aromakosmetik

Das Autorenteam Winter/Kraus gibt allen Naturkosmetikfreunden praxisbezogene Ratschläge und Anleitungen für die Herstellung individueller, haut- und umweltfreundlicher Pflegeprodukte. Anschaulich und sachverständig wird gezeigt, wie die altbewährten Wirkungsweisen hochwertiger natürlicher Rohstoffe mit den spezifischen Eigenschaften ätherischer Öle kombiniert werden können. Viele schnell und unkompliziert nachvollziehbare Rezepte von der Gesichtslotion bis zum Haarwasser machen dieses Buch zu einer verlockenden Einladung, die Geheimnisse der Aromakosmetik für die eigene Schönheitspflege zu entdecken.

M. Kraus
„Praktische Aromakosmetik"
ISBN 3-923330-71-5,
96 Seiten, 14,80 DM

M. Kraus
„Die neue Vollwertküche mit ätherischen Ölen"
ISBN 3-923330-11-1,
110 Seiten, 16,80 DM

Völlig neue Würzerlebnisse

In dem Buch „Die neue Vollwertküche mit ätherischen Ölen" werden dem Leser völlig neue Würzerlebnisse vermittelt. Durch die Verwendung von Essenzen in der Küche können Speisen auf gewohnte Art aromatisiert werden oder um einige Geschmacksvarianten erweitert werden.
Gleichzeitig läßt sich durch die Verwendung von ätherischen Ölen beim Kochen das körperliche Wohlbefinden steigern und eine Einflußnahme auf seelische Verfassungen und Gefühle erreichen.

Verlag Simon & Wahl
Bahnhofstr. 4 a • 85080 Gaimersheim